Tauben Wissensquiz

100 Quizfragen über Tauben

Rätsel- und Ratespiel

GRÜBEL GOLD

Kontaktadresse nach EU-Produktsicherheitsverordnung:
info@bookmundo.com

Bookmundo
Delftsestraat 33
3013AE Rotterdam

Gedruckt in Deutschland - FSC-zertifiziertes Papier aus nachhaltig bewirtschafteten Wäldern. **Der Umwelt zuliebe.**

Willkommen bei deinem Tauben-Wissensquiz!

Wie funktioniert dieses Quiz?

Dein Quizbuch ist ganz einfach strukturiert: Vorne findest du alle Fragen nacheinander. Jede Frage bietet dir vier mögliche Antworten zur Auswahl. Im hinteren Teil des Buches warten dann alle Lösungen auf dich, komplett mit spannenden Hintergrundinfos.

Spielanleitung für Solo-Rätsler:

1. **FRAGE LESEN** – Such dir eine beliebige Frage aus dem vorderen Teil

2. **NACHDENKEN** – Wäge die vier Optionen ab und triff deine Wahl

3. **NOTIEREN** – Markiere deine Antwort (oder merk sie dir)

4. **NACHSCHLAGEN** – Blättere zum Lösungsteil hinten im Buch nach Frage 100.

5. **LERNEN** – Lies die Erklärung – hier erfährst du das "Warum"

Als geselliges Ratespiel für mehrere Personen:

Eine Person übernimmt die Rolle des Quizmeisters und hat das Buch in der Hand.

Der Ablauf:

- Quizmeister stellt eine Frage und nennt die vier Möglichkeiten
- Alle Mitspieler schreiben ihre Antwort heimlich auf einen Zettel
- Auf Kommando decken alle ihre Tipps gleichzeitig auf
- Bei unterschiedlichen Meinungen darf kurz debattiert werden
- Der Quizmeister verrät die korrekte Lösung aus dem Lösungsteil
- Gemeinsam die Hintergrundinfo dazu anhören
- Nächste Frage!

Punktevergabe (falls gewünscht):

- Richtige Antwort beim ersten Versuch = 3 Punkte
- Richtige Antwort nach Gruppendiskussion = 1 Punkt
- Falsche Antwort = 0 Punkte

Team-Modus: Bildet zwei oder mehr Mannschaften. Jedes Team bespricht sich intern und gibt eine gemeinsame Antwort ab. Das Team mit den meisten Punkten am Ende triumphiert!

Auf geht's – 100 spannende Fragen erwarten dich!

1.) Was unterscheidet Tauben beim Trinken grundlegend von den meisten anderen Vogelarten?

☐ **A:** Tauben nehmen Wasser in kleinen Portionen auf und kippen den Kopf in schneller Abfolge nach hinten, wobei sie einen speziellen Kehlmuskel einsetzen, der den Schluckvorgang aktiv unterstützt.

☐ **B:** Tauben können Wasser durch einen saugenden Mechanismus aufnehmen, ohne dabei den Kopf anzuheben, da ihre Schnabel- und Speiseröhrenanatomie ein siphonartiges Trinken in einem Zug ermöglicht.

☐ **C:** Bei Tauben fließt das Wasser durch besonders geformte Rillen im Schnabel direkt in den Schlund, wobei eine schnelle Zungenbewegung die Flüssigkeit in Richtung der Speiseröhre kanalisiert.

☐ **D:** Tauben filtern Wasser mit feinen Lamellen an der Schnabelinnenseite und pressen es dann mithilfe der Zunge in den Rachen, ähnlich dem Trinkmechanismus vieler Wasservögel.

2.) Welche Besonderheit kennzeichnet die sogenannte Kropfmilch, die Tauben zur Jungenaufzucht bilden?

☐ **A:** Es handelt sich um eine flüssige Sekretion der Speisedrüse, die vorwiegend Kohlenhydrate und Mineralstoffe enthält und von der Täubin bereits während der Eiablage produziert wird.

☐ **B:** Die Kropfmilch entsteht durch Vorverdauung aufgenommener Nahrung im Kropf und besteht im Wesentlichen aus zerkleinerten Sämereien, die mit Verdauungsenzymen angereichert werden.

☐ **C:** Durch Prolaktin werden Epithelzellen der Kropfschleimhaut zur Vermehrung angeregt, die sich anschließend ablösen und als protein- und fettreiche Substanz an die Jungtiere verfüttert werden.

☐ **D:** Beide Elternteile bilden eine enzymhaltige Flüssigkeit in der Kropfwand, die über spezialisierte Drüsenzellen direkt in den Kropfhohlraum abgegeben und dort mit Nahrungsresten vermischt wird.

3.) Welche zentrale Erkenntnis gewann Charles Darwin durch seine intensiven Studien an Haustauben?

☐ **A:** Darwin konnte zeigen, dass sich verschiedene Taubenrassen durch Anpassung an unterschiedliche Lebensräume herausgebildet haben und dabei jeweils von eigenständigen Wildarten abstammen.

☐ **B:** Durch seine Zuchtexperimente belegte Darwin, dass erworbene Eigenschaften der Elterntiere an die Nachkommen weitergegeben werden, was er zur Grundlage seiner Vererbungslehre machte.

☐ **C:** Die enorme Vielfalt der Haustaubenrassen ließ sich auf eine einzige Wildart zurückführen, was als Modell für die Veränderung von Arten durch gerichtete Selektion über Generationen hinweg diente.

☐ **D:** Er wies nach, dass Haustauben ihre Orientierungsfähigkeit im Zuge der Domestikation eingebüßt haben, was ihm als Beleg für den Abbau ungenutzter Merkmale durch Selektion galt.

4.) Welcher Mechanismus wird nach neueren Forschungsergebnissen als mögliche Grundlage der Magnetfeldwahrnehmung bei Tauben diskutiert?

☐ **A:** Magnetitkristalle im Oberschnabel wirken als biologische Kompassnadeln und leiten Signale über den Trigeminusnerv an das Gehirn weiter, wo eine räumliche Karte des Erdmagnetfelds entsteht.

☐ **B:** Spezielle Proteine in der Netzhaut, sogenannte Cryptochrome, bilden unter Lichteinfluss langlebige Radikalpaare, deren Spinzustand das Erdmagnetfeld als visuelle Information codiert.

☐ **C:** In den Bogengängen des Innenohrs könnten durch Bewegung im Magnetfeld elektrische Ströme induziert werden, die von spezialisierten Haarzellen des vestibulären Systems registriert werden.

☐ **D:** Im Riechepithel befinden sich magnetisch empfindliche Nervenzellen, die über den Riechnerv mit dem Hippocampus verbunden sind und dort die Navigationsinformationen verarbeiten.

5.) Was konnte in dem bekannten Experiment von Watanabe, Sakamoto und Wakita über die visuellen Fähigkeiten von Tauben gezeigt werden?

☐ **A:** Trainierte Tauben waren in der Lage, abstrakte geometrische Muster zu erkennen und nach ihrer Komplexität in verschiedene Kategorien einzuordnen, sobald ihnen eine Futterbelohnung angeboten wurde.

☐ **B:** Tauben lernten, zwischen Gemälden von Picasso und Monet zu unterscheiden, und konnten diese Fähigkeit auf ihnen zuvor unbekannte Werke der jeweiligen Stilrichtung übertragen.

☐ **C:** Den Versuchstieren gelang es, fotografische Abbildungen nach semantischen Inhalten zu sortieren, etwa Landschaften von Porträts zu trennen, was auf eine kategoriale Wahrnehmung hindeutete.

☐ **D:** Im Versuchsaufbau zeigte sich, dass Tauben Farbkompositionen bevorzugen, die einem bestimmten harmonischen Verhältnis entsprechen, und diese von disharmonischen Anordnungen abgrenzen können.

6.) Was versteht man in der Taubenzucht unter dem Begriff "Kennfarbigkeit"?

☐ **A:** Ein Phänomen, bei dem Täuber und Täubin einer Rasse unterschiedliche Gefiederfarben aufweisen, sodass das Geschlecht bereits anhand der äußeren Erscheinung bestimmbar ist.

☐ **B:** Die Fähigkeit erfahrener Züchter, anhand subtiler Farbschattierungen im Halsgefieder den Gesundheitszustand und die genetische Qualität eines Zuchttieres einzuschätzen.

☐ **C:** Eine Zuchtmethode, bei der gezielt gleichfarbige Tiere miteinander verpaart werden, um die Reinerbigkeit eines bestimmten Farbenschlags über mehrere Generationen zu festigen.

☐ **D:** Die Eigenschaft bestimmter Rassen, im Jugendkleid andere Farbtöne zu zeigen als im Alterskleid, was dem Züchter Rückschlüsse auf die spätere Ausfärbung erlaubt.

7.) Warum wird die Stadttaube in der zoologischen Fachsprache als "Pariaform" bezeichnet?

☐ **A:** Dieser Fachbegriff beschreibt Wildtierarten, die sich in urbanen Lebensräumen eigenständig angesiedelt haben und dort eine zuvor unbesetzte ökologische Nische einnehmen.

☐ **B:** Mit dem Terminus werden Vogelarten gekennzeichnet, die in dicht besiedelten Gebieten als potenzielle Gesundheitsgefährdung gelten und deshalb behördlich reguliert werden.

☐ **C:** Die Zoologie fasst unter dieser Bezeichnung Wildtierpopulationen zusammen, die durch genetische Isolation von ihrer Ausgangsart eine eigenständige taxonomische Stellung erlangt haben.

☐ **D:** Der Terminus bezeichnet ehemals domestizierte Tiere, die verwildert sind und in einem freilebenden Zustand existieren, ohne dabei zur ursprünglichen Wildform zurückgekehrt zu sein.

8.) Welche Rolle spielte die Brieftaube "Cher Ami" im Ersten Weltkrieg?

☐ **A:** Sie überbrachte im Rahmen der Marneschlacht verschlüsselte Koordinaten an die französische Artillerie, was einen entscheidenden Gegenschlag ermöglichte und ihr eine Beförderung einbrachte.

☐ **B:** Als Taube des britischen Nachrichtendienstes trug sie über Monate hinweg geheime Botschaften zwischen Widerstandskämpfern und dem alliierten Hauptquartier hinter den feindlichen Linien.

☐ **C:** Trotz schwerer Verwundung durch Beschuss überbrachte sie eine Nachricht mit den Koordinaten des eingeschlossenen "Lost Battalion" der 77. US-Division während der Meuse-Argonne-Offensive.

☐ **D:** Sie diente in einem Pionierprogramm zur Luftaufklärung, bei dem Tauben mit Miniaturkameras ausgestattet wurden und feindliche Stellungen an der Westfront dokumentierten.

9.) Welche besondere Eigenschaft des visuellen Systems unterscheidet Tauben von den meisten Säugetieren?

☐ **A:** Tauben besitzen in der Netzhaut 4 verschiedene Zapfentypen für Farbwahrnehmung, darunter einen für ultraviolettes Licht, während die meisten Säugetiere mit 2 oder 3 Zapfentypen auskommen.

☐ **B:** Ihr Sehapparat erlaubt es ihnen, Objekte mit beiden Augen gleichzeitig scharf zu fokussieren, was ihnen eine ausgeprägte binokulare Tiefenwahrnehmung in der Flugphase ermöglicht.

☐ **C:** Tauben besitzen eine zweite Fovea im unteren Netzhautbereich, die auf die Wahrnehmung schneller horizontaler Bewegungen spezialisiert ist und bei der Futtersuche am Boden hilft.

☐ **D:** Die Augen der Taube können sich unabhängig voneinander bewegen, sodass sie verschiedene Bildausschnitte gleichzeitig verarbeitet und damit ein zusammengesetztes Panoramabild erzeugt.

10.) Welche Funktion erfüllt das charakteristische Kopfnicken der Tauben beim Gehen?

☐ **A:** Die rhythmische Kopfbewegung dient primär der Aktivierung des Gleichgewichtsorgans im Innenohr, um bei der zweibeinigen Fortbewegung die aufrechte Körperhaltung zu stabilisieren.

☐ **B:** Durch das Nicken regulieren Tauben den Blutfluss zum Gehirn und gewährleisten so bei der Bodenbewegung eine gleichmäßige Sauerstoffversorgung der optischen Verarbeitungszentren.

☐ **C:** Der Kopf wird in einer Phase kurz fixiert, während der Körper vorrückt, wodurch das Netzhautbild stabilisiert wird und die Taube in jeder Schrittphase ein scharfes Bild wahrnehmen kann.

☐ **D:** Die Bewegung erzeugt leichte Vibrationen im Schnabelbereich, die es der Taube ermöglichen, Bodenerschütterungen wahrzunehmen und dadurch unterirdisch verborgene Nahrung aufzuspüren.

11.) Welche Wirkung hat der sogenannte "Spread"-Faktor in der Taubengenetik?

☐ **A:** Er bewirkt, dass die Zeichnungsanlagen einer Taube sich verstärkt ausprägen, sodass Binden und Hämmermuster deutlich breiter und kontrastreicher erscheinen als bei Tieren ohne dieses Gen.

☐ **B:** Durch ihn wird die Farbintensität des gesamten Gefieders abgeschwächt, was zu einer aufgehellten Erscheinung führt, bei der die ursprüngliche Grundfarbe nur noch schwach durchschimmert.

☐ **C:** Er sorgt dafür, dass sich die Grundfarbe über das gesamte Gefieder ausbreitet und dabei die vorhandenen Zeichnungsanlagen wie Binden oder Hämmermuster verdeckt werden.

☐ **D:** Sein Vorhandensein verursacht eine ungleichmäßige Farbverteilung im Gefieder, wodurch scheckige Muster entstehen, die bei verschiedenen Farbentaubenrassen als Zuchtziel gelten.

12.) Welche erstaunliche Leistung konnten Tauben in einer Studie von Levenson und Kollegen zur medizinischen Bildgebung erbringen?

☐ **A:** Sie konnten nach einem Training menschliche Gesichter auf Fotografien ihrem jeweiligen Gemütszustand zuordnen und zwischen freudigen und traurigen Gesichtsausdrücken differenzieren.

☐ **B:** Die trainierten Tiere waren fähig, in kurzer Zeit fehlerhafte Bauteile auf Produktionsbändern zu identifizieren, was sie für die industrielle Qualitätskontrolle theoretisch nutzbar machte.

☐ **C:** Ihnen gelang es, zwischen unterschiedlichen Handschriften zu unterscheiden und nach kurzer Trainingsphase die Buchstaben bestimmter Probanden korrekt einzelnen Personen zuzuordnen.

☐ **D:** Die Vögel lernten, auf histologischen Bildern von menschlichem Brustgewebe zwischen gutartigen und bösartigen Veränderungen zu unterscheiden und übertrugen diese Fähigkeit auf neue Aufnahmen.

13.) Welche molekularbiologische Besonderheit weist der Prolaktinrezeptor der Taube auf?

☐ **A:** Er enthält eine vollständige Verdoppelung der extrazellulären Ligandenbindungsdomäne, was ihn strukturell von den Prolaktinrezeptoren anderer Vogelarten und der Säugetiere unterscheidet.

☐ **B:** Seine intrazelluläre Signalkaskade aktiviert einen spezifischen Phosphorylierungsweg, der die Kalziumfreisetzung im Kropfepithel steuert und somit die Milchproduktion zeitlich reguliert.

☐ **C:** Anders als bei verwandten Vogelarten ist der Rezeptor bei Tauben auf einem autosomalen Chromosom codiert, sodass seine Expression vom Geschlecht der Taube weitgehend unabhängig bleibt.

☐ **D:** Der Rezeptor weist eine besonders kurze Halbwertszeit auf, was eine rasche Anpassung der Kropfmilchproduktion an den wechselnden Nährstoffbedarf der heranwachsenden Jungtiere ermöglicht.

14.) Zu welchem Ergebnis kamen Watanabe und Toda bei ihren Experimenten zur Selbstwahrnehmung bei Tauben?

☐ **A:** Tauben bestanden den klassischen Markierungstest nach Gallup und versuchten aktiv, eine auf ihren Körper aufgebrachte farbliche Markierung mithilfe des Spiegelbildes zu entfernen.

☐ **B:** Die Tiere konnten ein Echtzeit-Videobild ihrer selbst von einer zeitversetzten Aufnahme unterscheiden, wobei diese Fähigkeit sogar bei einer Verzögerung von mehreren Sekunden erhalten blieb.

☐ **C:** Im Experiment zeigten Tauben gegenüber ihrem Spiegelbild aggressives Balzverhalten, was darauf hindeutete, dass sie ihr Spiegelbild als fremden Artgenossen und potenziellen Rivalen einstuften.

☐ **D:** Die Versuchstiere nutzten den Spiegel gezielt, um verborgene Futterquellen im Versuchsaufbau zu lokalisieren, was auf ein räumliches Verständnis der Spiegelreflexion schließen ließ.

15.) Worauf basiert das Konzept betreuter Taubenschläge zur Populationskontrolle in Städten?

☐ **A:** In den Schlägen werden Stadttauben eingefangen und durch Verabreichung hormoneller Präparate vorübergehend unfruchtbar gemacht, bevor man sie wieder in den öffentlichen Raum entlässt.

☐ **B:** Man bietet den Tauben dort artgerechtes Futter mit beigemischten Ovulationshemmern an, wodurch die Eiproduktion der Täubinnen innerhalb weniger Wochen zum Erliegen kommt.

☐ **C:** Die Tiere erhalten artgerechte Brutplätze und geeignete Nahrung, während die gelegten Eier regelmäßig gegen Attrappen ausgetauscht werden, um den Nachwuchs gezielt zu verringern.

☐ **D:** Innerhalb der Schläge werden gezielt Fressfeinde wie Turmfalken angesiedelt, deren Anwesenheit die Tauben zu einem veränderten Brutverhalten mit geringerer Gelegegröße veranlasst.

16.) Welche genetischen Grundlagen konnten für die befiederten Füße bestimmter Taubenrassen identifiziert werden?

☐ **A:** Eine Punktmutation im Keratin-Gen bewirkt, dass die Federscheiden an den Laufknochen verlängert wachsen und sich dort zu vollständigen Deckfedern entwickeln können.

☐ **B:** Ein regulatorisches Element auf dem Geschlechtschromosom steuert die Aktivierung von Haarfollikel-Genen an den Extremitäten und wird rezessiv vererbt, weshalb Latschen häufiger beim Täuber auftreten.

☐ **C:** Befiederte Füße entstehen durch eine Duplikation des Federfollikel-Gens, die bei betroffenen Rassen zu einer erhöhten Produktion von Federkeimen in der Haut der Ständer führt.

☐ **D:** Fehlregulationen der Gene Pitx1 und Tbx5 verändern die Identität der Hintergliedmaßen teilweise in Richtung Flügel, was zur Federbildung an den Füßen anstelle der sonst üblichen Beschuppung führt.

17.) Worin unterscheidet sich die Kropfmilch der Taube in ihrer Zusammensetzung wesentlich von der Milch der Säugetiere?

☐ **A:** Der Fettgehalt der Kropfmilch liegt deutlich unter dem von Kuhmilch, wird jedoch durch einen hohen Anteil an komplexen Kohlenhydraten kompensiert, die den Energiebedarf der Jungtiere decken.

☐ **B:** Anders als Säugetiermilch enthält Kropfmilch praktisch keine Kohlenhydrate, sondern besteht aus einer Suspension abgelöster, protein- und fettreicher Epithelzellen des Kropfgewebes.

☐ **C:** Die Sekretion enthält erhebliche Mengen an Chitin und pflanzlichen Fasern, da sie im Wesentlichen aus vorverdautem Nahrungsbrei entsteht und deshalb eine faserige Konsistenz aufweist.

☐ **D:** Bei der Kropfmilch handelt es sich um eine apokrine Sekretion, bei der die Zellen intakt bleiben und lediglich Vesikel mit Nährstoffen in den Kropfhohlraum abschnüren.

18.) Welche Erkrankung gehört bei Stadt- und Haustauben zu den häufigsten durch einzellige Parasiten verursachten Befunden?

☐ **A:** Die Trichomoniasis, hervorgerufen durch den Flagellaten Trichomonas gallinae, befällt vor allem den oberen Verdauungstrakt und kann dort gelbliche Beläge sowie Gewebenekrosen verursachen.

☐ **B:** Die Kokzidiose, ausgelöst durch verschiedene Eimeria-Arten, führt primär zu einer Entzündung der Darmschleimhaut und äußert sich durch wässrigen, mitunter blutigen Durchfall bei betroffenen Tieren.

☐ **C:** Eine Infektion mit Hexamita columbae befällt überwiegend die Atemwege und das Lungengewebe, was zu chronischem Husten und einer verminderten Flugausdauer bei erkrankten Tauben führt.

☐ **D:** Die Toxoplasmose, hervorgerufen durch den Erreger Toxoplasma gondii, beeinträchtigt bei Tauben vorwiegend das zentrale Nervensystem und zeigt sich durch Koordinationsstörungen und Gleichgewichtsverlust.

19.) Was war das Ziel des "Project Pigeon" unter der Leitung des Verhaltensforschers B.F. Skinner während des Zweiten Weltkriegs?

☐ **A:** Skinner wollte Tauben darauf trainieren, als Aufklärungstiere feindliche Truppenbewegungen aus der Luft zu beobachten und durch bestimmte Verhaltensweisen an ihre Betreuer zu melden.

☐ **B:** Im Rahmen des Projekts sollten Tauben dazu dienen, in feindlichem Gebiet abgeworfene Spionagegeräte wiederzufinden und deren Position durch erlerntes Signalverhalten kenntlich zu machen.

☐ **C:** Tauben wurden konditioniert, auf einem Bildschirm Ziele zu erkennen und durch Pickbewegungen eine Lenkvorrichtung zu betätigen, um Gleitbomben auf feindliche Schiffe zu steuern.

☐ **D:** Das Vorhaben sah vor, Tauben mittels operanter Konditionierung als lebende Sensoren zur Detektion chemischer Kampfstoffe auszubilden und sie hinter der Front einzusetzen.

20.) Welches Ergebnis erbrachte eine 2021 vom Smithsonian-Institut durchgeführte DNA-Analyse der historischen Brieftaube "Cher Ami"?

☐ **A:** Die Untersuchung ergab, dass Cher Ami einer britischen Zuchtlinie entstammte, die für Langstreckenwettflüge gezüchtet worden war und deren Vertreter eine ausgeprägte Flugausdauer besaßen.

☐ **B:** Anhand der genetischen Daten ließ sich belegen, dass Cher Ami Träger seltener Farbgene war, deren Kombination auf eine Einkreuzung orientalischer Taubenrassen hindeutete.

☐ **C:** Die Analyse wies nach, dass Cher Ami an einem angeborenen Defekt im Gerinnungssystem litt, der die schwere Blutung nach der Verwundung im Kampfeinsatz erklären könnte.

☐ **D:** Die DNA-Untersuchung klärte ein lange bestehendes Rätsel um das Geschlecht des Tieres und bestätigte, dass es sich bei Cher Ami um einen männlichen Täuber handelte.

21.) Welches Erklärungsmodell liegt der sogenannten Geruchskarten-Hypothese der Brieftaubennavigation zugrunde, die auf den italienischen Forscher Floriano Papi zurückgeht?

☐ **A:** Im Flug nehmen Tauben über spezialisierte Riechzellen im Gaumen flüchtige Bodenstoffe wahr und gleichen diese mit einem während der Aufzucht erlernten chemischen Profil der Heimatregion ab.

☐ **B:** Tauben erlernen während ihrer Erkundungsflüge die chemische Zusammensetzung verschiedener Landschaften und speichern diese Geruchsinformationen als dreidimensionale Karte im Hippocampus ab.

☐ **C:** Bestimmte Duftstoffe, die der Heimatschlag selbst abgibt, werden von den Tauben über große Entfernungen wahrgenommen und dienen als chemisches Leitsignal zur direkten Orientierung in Heimatrichtung.

☐ **D:** Am Heimatschlag lernen die Tauben, welche Umgebungsgerüche der Wind aus welcher Himmelsrichtung heranträgt, und erstellen daraus eine mentale Geruchslandkarte, die ihnen die Bestimmung ihrer Verlagerungsrichtung ermöglicht.

22.) In welchem verwandtschaftlichen Verhältnis steht der ausgestorbene Dodo (Raphus cucullatus) zu den heutigen Tauben?

☐ **A:** Der Dodo wird aufgrund seines massigen Körperbaus und seiner Flugunfähigkeit in eine eigene Ordnung gestellt, die zwar Ähnlichkeiten mit den Taubenvögeln aufweist, aber einen unabhängigen Evolutionsweg widerspiegelt.

☐ **B:** Molekularphylogenetische Analysen haben gezeigt, dass der Dodo und der Rodrigues-Solitär innerhalb der Familie Columbidae stehen und sich aus flugfähigen taubenartigen Vorfahren entwickelt haben.

☐ **C:** Der Dodo bildet zusammen mit den Krontauben eine basale Schwestergruppe der Tauben, die sich bereits im frühen Paläogen von den übrigen Taubenvögeln abgespalten und unabhängig diversifiziert hat.

☐ **D:** Aufgrund anatomischer Übereinstimmungen im Schnabelbau wird der Dodo als entfernter Verwandter der Papageien betrachtet, wobei eine konvergente Entwicklung mit den Tauben als wahrscheinlich gilt.

23.) Was kennzeichnet das Tauben-Paramyxovirus Typ 1 (PPMV-1) in der Veterinärmedizin?

☐ **A:** PPMV-1 ist ein DNA-Virus aus der Familie der Adenoviridae, das bei Tauben vorwiegend die Leber befällt und dort zu nekrotischen Veränderungen führt, die bei Jungtieren häufig tödlich verlaufen.

☐ **B:** Als Retrovirus integriert PPMV-1 sein Erbgut dauerhaft in die Wirtszelle und verursacht eine chronische Immunschwäche, die erkrankte Tauben über Monate hinweg anfällig für bakterielle Sekundärinfektionen macht.

☐ **C:** Das Virus gehört zur Gruppe der Influenza-A-Viren und zeigt bei Tauben ein spezifisches Befallsmuster mit bevorzugtem Tropismus für den Respirationstrakt, wobei Hühnervögel regelmäßig schwere Krankheitsverläufe entwickeln.

☐ **D:** Es handelt sich um eine taubenadaptierte Variante des Newcastle-Disease-Virus aus der Familie der Paramyxoviridae, die bei Tauben neurologische Symptome wie Kopfdrehen und Koordinationsverlust hervorrufen kann.

24.) Welche ökologische Besonderheit kennzeichnete die nordamerikanische Wandertaube (Ectopistes migratorius) vor ihrem Aussterben?

☐ **A:** Als einzelgängerischer Waldbewohner besiedelte sie in geringer Dichte riesige zusammenhängende Waldgebiete und war durch ihre heimliche Lebensweise nur schwer zu beobachten oder gezielt zu bejagen.

☐ **B:** Die Art lebte in kleinen, stabilen Familienverbänden, die in festen Revieren brüteten und eine ausgeprägte Territorialität zeigten, weshalb ihr Bestand schon vor der europäischen Besiedlung gering war.

☐ **C:** Sie bildete riesige Schwärme von mitunter Milliarden Individuen, die in dichten Kolonien brüteten und während ihrer Züge den Himmel über Tage verdunkelten, bevor sie im 19. Jahrhundert durch industrielle Bejagung ausgerottet wurde.

☐ **D:** Ihre Populationen waren auf wenige Brutinseln entlang der Atlantikküste beschränkt, wo sie in Felsnischen nistete und durch die Einschleppung europäischer Ratten ihre Gelege verlor, was zum raschen Bestandsrückgang führte.

25.) Wie gestaltet sich der Energiestoffwechsel einer Brieftaube während eines mehrstündigen Dauerflugs?

☐ **A:** In der ersten Flugphase nutzt die Taube vorrangig Kohlenhydrate als Energiequelle, bevor der Organismus nach etwa einer Stunde auf die Verbrennung von Fettsäuren als primären Treibstoff umstellt.

☐ **B:** Über die gesamte Flugdauer hinweg verbrennt die Brustmuskulatur überwiegend Aminosäuren aus dem Muskelprotein, die durch fortlaufenden Proteinabbau freigesetzt und als Hauptenergiequelle genutzt werden.

☐ **C:** Der Flugmuskel der Taube bezieht seine Energie durchgehend aus der aeroben Glykolyse, wobei Glykogenreserven in Leber und Muskulatur den gesamten Bedarf über mehrere Stunden hinweg decken können.

☐ **D:** Während des Flugs wird Laktat als Zwischenprodukt des anaeroben Stoffwechsels kontinuierlich in der Muskulatur angereichert und erst nach der Landung über die Leber zu Glukose zurückgewandelt.

26.) Was ergaben genomische Untersuchungen zur Größe und Struktur des Taubengenoms?

☐ **A:** Mit rund 2,5 Milliarden Basenpaaren ist das Genom der Felsentaube deutlich größer als das anderer Vögel, was auf eine hohe Zahl von Transposon-Insertionen in den regulatorischen Regionen zurückgeführt wird.

☐ **B:** Das Taubengenom umfasst etwa 1,3 Milliarden Basenpaare, verteilt auf rund 40 Chromosomenpaare, und enthält über 21.000 proteincodierende Gene, was der typischen Genomarchitektur der Vögel entspricht.

☐ **C:** Tauben besitzen ein ungewöhnlich kompaktes Genom von nur 600 Millionen Basenpaaren, das durch weitgehenden Verlust repetitiver Sequenzen gekennzeichnet ist und das Genom der meisten Säugetiere an Dichte übertrifft.

☐ **D:** Das Genom der Taube weist eine außergewöhnliche Heterozygotie auf, da die Domestikationsgeschichte zu einer Verdoppelung zahlreicher Gensegmente geführt hat, die in der Wildform so nicht nachweisbar sind.

27.) Welche lebende Vogelart gilt nach molekularen Verwandtschaftsanalysen als der nächste noch existierende Verwandte des Dodos?

☐ **A:** Die Zahnschnabeltaube (Didunculus strigirostris) von Samoa wird als engste Verwandte betrachtet, da sie einen ähnlich kräftigen Schnabel besitzt und vergleichbare Merkmale im Schädelbau aufweist.

☐ **B:** Die Fächertaube (Goura victoria) aus Neuguinea steht dem Dodo am nächsten, weil beide Arten eine ähnliche Körpergröße erreichen und bodennahe Lebensweisen teilen, die auf gemeinsame Vorfahren hinweisen.

☐ **C:** Die Malediven-Fruchttaube (Alectroenas pulcherrimus) zeigt in molekularen Stammbäumen die geringste genetische Distanz zum Dodo, was auf eine gemeinsame Besiedlung der Inseln des Indischen Ozeans hindeutet.

☐ **D:** Die Mähnentaube (Caloenas nicobarica), ein bodenbewohnender Vertreter der Columbidae aus Südostasien, wird in phylogenetischen Analysen regelmäßig als die dem Dodo am nächsten stehende lebende Art identifiziert.

28.) Wie wirkt sich das ZW-Geschlechtsbestimmungssystem der Taube auf die Vererbung von Gefiederfarben aus?

☐ **A:** Beim ZW-System sind beide Geschlechter für Farbgene homozygot, weil die relevanten Loci auf den Autosomen liegen und die Geschlechtschromosomen an der Farbvererbung keinen messbaren Anteil haben.

☐ **B:** Da der Täuber nur ein Z-Chromosom besitzt, kann er farbbestimmende Gene lediglich von einem Elternteil erben und gibt diese stets unverändert an sämtliche Nachkommen weiter, unabhängig vom Geschlecht.

☐ **C:** Der Täuber trägt mit 2 Z-Chromosomen Farbgene beider Eltern, während die Täubin mit einem Z-Chromosom die geschlechtsgebundenen Farballele vom Vater erbt und daher hemizygot für diese Merkmale ist.

☐ **D:** Bei der Täubin liegen die Farbgene auf dem W-Chromosom und werden über die mütterliche Linie vererbt, sodass Töchter stets die Gefiederfarbe der Mutter zeigen und Söhne das Farbmuster des Vaters übernehmen.

29.) Welche anatomische Besonderheit des Atmungssystems ermöglicht Tauben eine besonders effiziente Sauerstoffversorgung während des Flugs?

☐ **A:** Ein System aus mehreren Luftsäcken ermöglicht eine gerichtete Durchströmung der Lunge, bei der sowohl beim Ein- als auch beim Ausatmen frische Luft über die Gasaustauschflächen geleitet wird.

☐ **B:** Die Lunge der Taube besteht aus dehnbaren Alveolen, die sich bei jedem Atemzug stark ausdehnen und zusammenziehen, wodurch ein besonders großes Atemzugvolumen erreicht werden kann.

☐ **C:** Durch einen Kehlkopfmechanismus kann die Taube ihre Atemfrequenz im Flug auf ein Vielfaches des Ruhewerts steigern, ohne dabei den Totraum der oberen Atemwege zu vergrößern.

☐ **D:** Die Bronchien der Taube besitzen ringförmige Knorpelspangen mit elastischen Zwischenräumen, die sich während des Flügelschlags rhythmisch zusammenpressen und so die Ventilation mechanisch unterstützen.

30.) Wie verläuft die typische Balz des Felsentauben-Täubers gegenüber der Täubin?

☐ **A:** Der Täuber stößt während der Balz einen langanhaltenden, melodischen Gesang aus und spreizt dabei die Schwanzfedern fächerförmig auf, um der Täubin seine Fitness durch die Schwanzlänge zu signalisieren.

☐ **B:** Er verbeugt sich unter gurrenden Lautäußerungen wiederholt vor der Täubin, bläht dabei den Kropf auf und führt kreisende Drehbewegungen aus, die häufig von einem rituellen Schwanzfächern begleitet werden.

☐ **C:** Während der Werbung überreicht der Täuber der Täubin symbolisch Nistmaterial im Schnabel und klopft rhythmisch mit dem Schnabel auf den Untergrund, was bei der Partnerin die Paarungsbereitschaft auslöst.

☐ **D:** Der Täuber lockt die Täubin durch ein rhythmisches Stampfen mit den Füßen an, wobei er gleichzeitig die Flügel seitlich abspreizt und vibrieren lässt, um durch Bodenerschütterungen ihre Aufmerksamkeit zu gewinnen.

31.) Welche Funktion erfüllt die supraorbitale Drüse, auch Nasendrüse genannt, bei Tauben?

☐ **A:** Sie produziert ein öliges Sekret, das den Schnabel und die Wachshaut feucht hält und als Schutzschicht gegen Umwelteinflüsse und Austrocknung der empfindlichen Schnabelhaut dient.

☐ **B:** Die Drüse sondert ein enzymhaltiges Sekret ab, das bei der chemischen Aufspaltung aufgenommener Nahrung im Schnabelbereich hilft und damit die Verdauung bereits vor dem Schluckvorgang einleitet.

☐ **C:** Sie kann bei erhöhter Salzbelastung eine konzentrierte Natriumchloridlösung absondern, wodurch die Nieren entlastet werden und der Wasser-Elektrolyt-Haushalt auch bei mineralhaltiger Nahrung stabil bleibt.

☐ **D:** Die Drüse reguliert den Feuchtigkeitsgehalt der eingeatmeten Luft und erwärmt sie vor dem Eintritt in die Lunge, was während des Flugs in großen Höhen den Wärmeverlust über die Atemwege verringert.

32.) Wie ist die Brutpflege bei Felsentauben hinsichtlich der Aufgabenverteilung zwischen den Geschlechtern organisiert?

☐ **A:** Die Täubin bebrütet die Eier über die gesamte Brutdauer, während der Täuber für die Nahrungsbeschaffung zuständig ist und die Partnerin während der Brutpausen mit vorverdautem Futter versorgt.

☐ **B:** Beide Elternteile wechseln sich in unregelmäßigen Intervallen ab, wobei die Dauer der einzelnen Brutschichten von der Außentemperatur abhängt und bei kalter Witterung deutlich kürzer ausfällt.

☐ **C:** Nach der Eiablage übernimmt der Täuber die gesamte Bebrütung, weil bei Tauben der Prolaktinspiegel des Männchens früher ansteigt und dadurch das Brutverhalten zuerst beim Täuber ausgelöst wird.

☐ **D:** Täuber und Täubin teilen sich die Brut in einem festen Rhythmus, bei dem der Täuber tagsüber für mehrere Stunden brütet und die Täubin den übrigen Tag sowie die gesamte Nacht auf dem Gelege verbringt.

33.) Welche Rolle spielt die Wahrnehmung von Infraschall bei Tauben nach dem aktuellen Forschungsstand?

☐ **A:** Tauben nutzen Infraschallwellen gezielt, um während des Flugs miteinander zu kommunizieren, da diese niederfrequenten Signale auch über große Entfernungen kaum von Windgeräuschen überlagert werden.

☐ **B:** Tauben können Infraschall mit Frequenzen unter 10 Hertz über die Cochlea wahrnehmen, was als mögliche Quelle für Navigationsinformation diskutiert wurde, experimentell aber bislang umstritten bleibt.

☐ **C:** Das Innenohr der Taube erzeugt bei Exposition gegenüber Infraschall rhythmische Nervenimpulse, die im Kleinhirn zu einer hochpräzisen Geschwindigkeitsmessung während des Flugs verrechnet werden.

☐ **D:** Infraschall wird von Tauben als Warnsignal für herannahende Greifvögel wahrgenommen, da die Flügelschläge großer Raubvögel charakteristische niederfrequente Schwingungen erzeugen, die zur Flucht verhelfen.

34.) Welche Taubenart gilt als die größte lebende Vertreterin der Familie Columbidae?

☐ **A:** Die Fächertaube (Goura victoria) aus Neuguinea gilt als die schwerste und längste unter den rezenten Taubenarten und sticht mit ihrem auffälligen Federkamm sowie ihrem truthahnähnlichen Habitus aus der Familie heraus.

☐ **B:** Die Mähnentaube (Caloenas nicobarica) aus dem malaiischen Archipel übertrifft alle anderen lebenden Taubenarten an Körpermasse und fällt durch ein metallisch schillerndes Gefieder sowie einen langen Halsfederschmuck auf.

☐ **C:** Der Fasantaube (Otidiphaps nobilis) aus Neuguinea wird die Spitzenstellung unter den lebenden Columbidae zugeschrieben, da sie mit ihrem massigen Körperbau und langen Schwanz die Dimensionen eines kleinen Fasans erreicht.

☐ **D:** Die Zahntaube (Didunculus strigirostris) von Samoa übertrifft alle anderen rezenten Columbidae an Körpermasse und zeigt mit ihrem hakenförmigen Schnabel und der bodennahen Lebensweise deutliche Parallelen zum Dodo.

35.) Welche anatomische Besonderheit weist der Kropf der Tauben im Vergleich zu dem anderer Vogelordnungen auf?

☐ **A:** Der Taubenkropf besitzt eine stark muskulöse Wand mit quergestreifter Muskulatur, die eine mechanische Zerkleinerung der Nahrung ähnlich dem Muskelmagen ermöglicht und so die Verdauung beschleunigt.

☐ **B:** Im Kropf der Taube befinden sich spezialisierte Drüsenzellen, die ein saures Sekret absondern und damit den Beginn der chemischen Verdauung von Proteinen bereits vor dem Erreichen des Drüsenmagens einleiten.

☐ **C:** Der Kropf der Taube besteht aus 2 symmetrischen, seitlich ausgebuchteten Hälften, deren Schleimhautepithel unter Prolaktineinfluss proliferiert und die nahrhafte Kropfmilch für die Jungenaufzucht bildet.

☐ **D:** Das Kropfepithel enthält dichte Gefäßnetze mit Wärmetauschern, die aufgenommenes kaltes Wasser vor der Weiterleitung in den Magen auf Körpertemperatur bringen und damit den Wärmeverlust des Organismus minimieren.

36.) Was sind sogenannte Puderdunen, die im Gefieder von Tauben eine besondere Rolle spielen?

☐ **A:** Es handelt sich um feine Flaumfedern in speziellen Hautpartien, die von den Tauben während der Mauser gezielt abgestoßen werden, um Parasiten und abgestorbene Hautschuppen aus dem Gefieder zu entfernen.

☐ **B:** Puderdunen sind elastische Federstrukturen in der Brustregion, die als mechanische Polsterung beim Aufprall auf harte Oberflächen dienen und so Verletzungen des Brustbeins bei Landungen verhindern.

☐ **C:** Diese Federtypen besitzen wasserabweisende Lipidschichten, die sie bei Kontakt mit Feuchtigkeit zu einer dichten Isolationsschicht verkleben lassen und so den Wärmeverlust bei Regen reduzieren.

☐ **D:** Es sind Daunenfedern, die an der Spitze fortlaufend zu einem feinen, wachsartigen Puder zerfallen, der über das Gefieder verteilt wird und dort als wasserabweisendes sowie pflegendes Mittel wirkt.

37.) Welche Rolle spielt der Hippocampus im Gehirn der Taube für das Navigationsverhalten?

☐ **A:** Tauben mit Läsionen im Hippocampus können zwar ihre Geruchskarte zur groben Richtungsbestimmung nutzen, verlieren aber die Fähigkeit, im vertrauten Umfeld visuelle Landmarken zur Feinnavigation einzusetzen.

☐ **B:** Der Hippocampus speichert bei Tauben die während des Flugs wahrgenommenen Magnetfeldinformationen und wandelt diese in räumliche Koordinaten um, die als eine Art biologischer Kompass fungieren.

☐ **C:** Im Hippocampus werden die Geruchsinformationen erstmalig verarbeitet und zu einer Geruchslandkarte zusammengefügt, weshalb seine Entfernung den vollständigen Verlust der Fernnavigation zur Folge hat.

☐ **D:** Der Hippocampus der Taube steuert primär die motorische Koordination der Flugmuskulatur und beeinflusst die Navigation lediglich indirekt, indem er eine gleichmäßige Fluggeschwindigkeit gewährleistet.

38.) Was ist über das Paarbindungsverhalten bei Felsentauben bekannt?

☐ **A:** Felsentauben wechseln regelmäßig nach jeder Brutsaison den Partner, wobei die Wahl des neuen Partners durch die Qualität des angebotenen Brutplatzes und das Körpergewicht des Täubers bestimmt wird.

☐ **B:** Felsentauben gehen in der Regel langfristige, monogame Paarbindungen ein, bei denen beide Partner den Brutplatz verteidigen und die Aufzucht der Jungen über mehrere Bruten hinweg gemeinsam tragen.

☐ **C:** Die Paarbindung wird durch einen chemischen Botenstoff im Kropfsekret vermittelt, den die Partner beim gegenseitigen Schnäbeln austauschen und der eine hormonelle Synchronisation beider Tiere bewirkt.

☐ **D:** Felsentauben leben in polygamen Gruppen, in denen ein dominanter Täuber mehrere Täubinnen begattet, während unterlegene Männchen als Helfer bei der Aufzucht der Jungtiere in der Kolonie fungieren.

39.) Welche Bedeutung hat die Guineataube (Columba guinea) für die Evolutionsforschung an Haustauben?

☐ **A:** Columba guinea dient als genetisches Modell für die Entstehung des Balzverhaltens, weil ihre Balzrituale eine ursprüngliche Form darstellen, aus der sich die komplexeren Werbemuster der Haustaube entwickelt haben.

☐ **B:** Diese afrikanische Art wird als mögliche zweite Stammform der Haustaube diskutiert, da bestimmte afrikanische Taubenrassen morphologische Merkmale aufweisen, die auf eine unabhängige Domestikation hindeuten.

☐ **C:** Genomvergleiche zeigen, dass Columba guinea und Columba livia vor etwa 50 Millionen Jahren divergierten, weshalb man an ihnen die Geschwindigkeit der Chromosomenevolution bei Vögeln besonders gut studieren kann.

☐ **D:** Columba guinea und Columba livia können fruchtbare Hybriden hervorbringen, und genomische Analysen belegen, dass ein Pigmentierungsmerkmal der Haustaube durch Introgression von Columba guinea eingekreuzt wurde.

40.) Welche physiologische Eigenschaft des Brustmuskels befähigt Brieftauben zu anhaltendem Schnellflug über Strecken von mehreren 100 Kilometern?

☐ **A:** Der Brustmuskel enthält vorwiegend schnell kontrahierende glykolytische Fasern vom Typ IIb, die eine extrem hohe Leistung kurzzeitig erbringen und bei mehrstündigem Flug durch häufige Gleitphasen geschont werden.

☐ **B:** Eine besonders hohe Konzentration von Myoglobin im Brustmuskel verleiht ihm die rötliche Färbung, wobei dieses Speicherprotein Sauerstoff für kurze anaerobe Spitzenbelastungen bereithält und die Fluggeschwindigkeit steigert.

☐ **C:** Der Brustmuskel ist reich an Mitochondrien und dicht durchblutet, was eine langanhaltende aerobe Fettsäureoxidation ermöglicht und die Hauptvoraussetzung für die ausdauernde Flugleistung auf Langstrecken bildet.

☐ **D:** Die Flugmuskulatur der Brieftaube besitzt ein einzigartiges elastisches Bindegewebsnetz, das die kinetische Energie des Abschlags speichert und beim Aufschlag wieder freigibt, wodurch der Energieverbrauch stark reduziert wird.

41.) Welche historische Bedeutung hat der Kronberger Apotheker Julius Neubronner für die Luftbildfotografie?

☐ **A:** Er entwickelte Anfang des 20. Jahrhunderts eine zeitgesteuerte Miniaturkamera, die Brieftauben mittels eines Brustgeschirrs trugen und die so während des Flugs automatisch Aufnahmen aus der Vogelperspektive anfertigte.

☐ **B:** Er konstruierte eine federleichte Filmkamera für den Einsatz an Fesselballons, deren Aufnahmen dann durch Brieftauben zum Auswertungsort transportiert wurden, was die Entwicklungszeit der Aufklärungsfotografie erheblich verkürzte.

☐ **C:** Er trainierte Brieftauben darauf, bei Sichtung bestimmter Geländemerkmale eine am Geschirr befestigte Blitzlichtvorrichtung auszulösen, um auch bei schlechten Lichtverhältnissen Aufnahmen von Landschaften zu ermöglichen.

☐ **D:** Er nutzte die gleichmäßige Flughöhe von Brieftauben, um eine barometrisch gesteuerte Kamera zu entwickeln, die erst bei Erreichen einer voreingestellten Höhe den Verschluss betätigte und so maßstabsgetreue Luftbilder erzeugte.

42.) Welche Rolle spielten Brieftauben bei der Gründungsgeschichte der Nachrichtenagentur Reuters?

☐ **A:** Paul Julius Reuter setzte Brieftauben ein, um verschlüsselte Militärdepeschen zwischen Londoner Bankiers und Korrespondenten auf dem europäischen Festland zu befördern und so einen Informationsvorsprung gegenüber konkurrierenden Agenturen zu erlangen.

☐ **B:** Reuter überbrückte mit Brieftauben die Nachrichtenlücke zwischen Brüssel und Aachen, die noch nicht telegrafisch verbunden waren, und verschaffte sich durch den Zeitvorsprung bei Börsendaten einen entscheidenden Wettbewerbsvorteil.

☐ **C:** Reuters erste Brieftauben dienten dem Transport von handschriftlich kopierten Zeitungsartikeln zwischen Paris und London, weil die Fähren über den Ärmelkanal in den Wintermonaten zu langsam und unzuverlässig verkehrten.

☐ **D:** Reuter unterhielt ein Netz aus Brieftaubenstationen entlang der französischen Atlantikküste, über die er Nachrichten von ankommenden Überseeschiffen schneller als per Kurier ins Londoner Büro der Agentur weiterleiten konnte.

43.) Welche immunologische Funktion wird der Kropfmilch der Taube nach Erkenntnissen der Studie von Gillespie und Kollegen zugeschrieben?

☐ **A:** Die Kropfmilch enthält hohe Konzentrationen antiviraler Interferone, die nach der Aufnahme durch die Jungtiere deren angeborene Immunantwort gegen Paramyxoviren des Typs 1 gezielt verstärken.

☐ **B:** In der Kropfmilch befinden sich lebende B-Lymphozyten der Elterntiere, die nach Aufnahme durch das Jungtier in dessen Darmschleimhaut einwandern und dort die Produktion spezifischer Antikörper anstoßen.

☐ **C:** Die Verfütterung von Kropfmilch an Küken steigerte im Experiment die Expression von IgA und immunbezogenen Genpfaden im darmassoziierten Lymphgewebe und veränderte zugleich die Zusammensetzung der Darmmikrobiota.

☐ **D:** Kropfmilch wirkt als natürliches Antibiotikum, weil sie antimikrobielle Peptide enthält, die pathogene Bakterien im Darm des Jungtieres abtöten und so bakterielle Infektionen in den ersten Lebenstagen verhindern.

44.) Welchen Rekordpreis erzielte die belgische Brieftaube "New Kim" bei einer Versteigerung im Jahr 2020?

☐ **A:** Ein chinesischer Bieter erwarb die Täubin für umgerechnet rund 1,9 Millionen US-Dollar, was den bisherigen Rekord des Täubers "Armando" deutlich übertraf und sie zur teuersten je versteigerten Brieftaube machte.

☐ **B:** Der Zuschlag erfolgte bei 750.000 Euro an ein Bieterkonsortium aus den Niederlanden und Belgien, das New Kim als Zuchttaube einsetzen wollte, um Nachkommen an den asiatischen Markt zu verkaufen.

☐ **C:** Die Taube wechselte für 3,2 Millionen Euro den Besitzer, wobei ein südafrikanischer Züchter den Zuschlag erhielt und damit den gesamten europäischen Taubenmarkt in Aufruhr versetzte.

☐ **D:** New Kim wurde für 480.000 Euro an einen japanischen Sammler veräußert, dessen Bieterinteresse vor allem der seltenen Gefiederfärbung und weniger der sportlichen Leistung der Taube galt.

45.) Was versteht man unter dem "Pecten oculi" im Auge der Taube?

☐ **A:** Es handelt sich um eine lichtbrechende Struktur innerhalb der Linse, die aus schichtweise angeordneten Proteinlamellen besteht und der Taube eine besonders schnelle Akkommodation beim Wechsel zwischen Fern- und Nahsicht ermöglicht.

☐ **B:** Der Pecten oculi ist ein stark pigmentiertes, gefaltetes und gefäßreiches Gewebe, das vom Sehnervenaustritt in den Glaskörper ragt und vermutlich die gefäßlose Netzhaut mit Nährstoffen und Sauerstoff versorgt.

☐ **C:** Dabei handelt es sich um einen Muskelring hinter der Iris, der die Pupillenöffnung reguliert und bei hellem Licht die einfallende Lichtmenge so reduziert, dass die empfindlichen Photorezeptoren der Netzhaut geschützt werden.

☐ **D:** Der Pecten oculi ist eine durchsichtige Membran über der Fovea, die wie ein Filter kurzwelliges UV-Licht absorbiert und dadurch Blendeffekte reduziert, was die Kontrastwahrnehmung beim Flug in großer Höhe verbessert.

46.) Wie regulieren Tauben ihre Körpertemperatur bei starker Hitzebelastung, etwa nach intensivem Flug an warmen Tagen?

☐ **A:** Da Vögel über keine Schweißdrüsen verfügen, setzen Tauben auf Hecheln mit hoher Atemfrequenz bei geringem Atemzugvolumen, wodurch Wärme als Verdunstungswärme über die Atemwege effektiv abgegeben wird.

☐ **B:** Tauben steigern die Durchblutung ihrer gefiederlosen Ständer und spreizen gleichzeitig die Flügel weit ab, sodass das warme Blut über die vergrößerte Hautoberfläche abkühlt, ähnlich der Ohrmuschelfunktion beim Elefanten.

☐ **C:** Bei Überhitzung begeben sich Tauben gezielt in den Schatten und sträuben ihr Gefieder, um Luftpolster zu bilden, die als Isolationsschicht wirken und den Wärmeaustausch mit der Umgebungsluft beschleunigen.

☐ **D:** Die Vögel aktivieren spezielle Wärmetauschergefäße im Bereich der Luftsäcke, die das venöse Blut vorkühlen, bevor es den Rumpf erreicht, und gleichzeitig die eingeatmete Luft anwärmen.

47.) Was konnte in der Studie von Damian Scarf und Kollegen an der University of Otago über die numerischen Fähigkeiten von Tauben gezeigt werden?

☐ **A:** Tauben lernten, Bildgruppen mit unterschiedlicher Objektanzahl in aufsteigender Reihenfolge zu ordnen, und übertrugen diese Regel auf unbekannte Mengen bis 9, wobei ihre Leistung derjenigen von Rhesusaffen entsprach.

☐ **B:** Die Tiere konnten nach Training einfache Additionsaufgaben lösen, indem sie auf einem Bildschirm die korrekte Summe zweier gezeigter Objektmengen anpickten und dafür eine Futterbelohnung erhielten.

☐ **C:** Tauben unterschieden in der Studie zuverlässig zwischen geraden und ungeraden Mengen, was auf ein abstraktes Verständnis der Parität hinwies und die Forscher veranlasste, von einem echten Zahlbegriff zu sprechen.

☐ **D:** Die Versuchstiere waren in der Lage, Bruchteile abzuschätzen, indem sie aus 2 Futternäpfen stets denjenigen wählten, der einen größeren Anteil an Belohnungspellets im Verhältnis zu Blindpellets enthielt.

48.) Worauf beruht der schillernde Farbwechsel zwischen Grün und Purpur am Halsgefieder der Felsentaube?

☐ **A:** Die Federäste des Halsgefieders enthalten Carotinoidpigmente, die in Verbindung mit einer darunter liegenden Melaninschicht je nach Einfallswinkel des Lichts unterschiedliche Wellenlängen absorbieren und reflektieren.

☐ **B:** Winzige Lufteinschlüsse in der Federstruktur erzeugen einen Streueffekt ähnlich dem Tyndall-Phänomen, bei dem kurzwelliges Licht stärker gestreut wird als langwelliges und dadurch ein blaugrüner Schimmer entsteht.

☐ **C:** Eine äußere Keratinschicht der Federhäkchen erzeugt durch Dünnschichtinterferenz strukturelle Farben, deren Farbton sich mit dem Betrachtungswinkel ändert, weil die Schichtdicke bei grünen und purpurnen Häkchen unterschiedlich ausfällt.

☐ **D:** Melanosomen in den Federhäkchen sind in einem dreidimensionalen photonischen Kristallgitter angeordnet, das einfallendes Licht in regenbogenartigen Spektren zerlegt und dem Halsgefieder sein irisierendes Farbspiel verleiht.

49.) Welche Funktion erfüllt die Nickhaut im Auge der Taube?

☐ **A:** Als durchsichtige dritte Membran gleitet sie horizontal über die Hornhaut, um diese während des Flugs vor Staub und Fremdkörpern zu schützen und gleichzeitig die Oberfläche feucht und sauber zu halten.

☐ **B:** Die Nickhaut ist eine pigmentierte Struktur, die bei starker Sonneneinstrahlung reflektierend über das Auge geschoben wird und dabei wie eine biologische Sonnenbrille UV-Strahlung vom empfindlichen Augenhintergrund abhält.

☐ **C:** Sie dient der Fokussierung beim Tauchen in Pfützen und Bäche, indem sie als zusätzliche Brechungsschicht die optische Dichte des Auges verändert und so ein scharfes Sehen unter Wasser ermöglicht.

☐ **D:** Die Membran wird rhythmisch über die Linse gezogen und erzeugt dabei einen Pumpeffekt, der das Kammerwasser im Augapfel zirkulieren lässt und so die Nährstoffversorgung der inneren Augenstrukturen sicherstellt.

50.) In welchem Zusammenhang standen Tauben mit der Nachrichtenübermittlung während der Belagerung von Paris im Deutsch-Französischen Krieg?

☐ **A:** Preußische Truppen setzten abgerichtete Falken ein, um die Tauben abzufangen, weshalb die Pariser Verteidiger ihre Tiere mit reflektierenden Metallfäden am Gefieder ausstatteten, die Greifvögel irritieren sollten.

☐ **B:** Aus dem eingeschlossenen Paris wurden Tauben per Ballon aus der Stadt gebracht und kehrten anschließend mit mikroverfilmten Nachrichten zurück, was eine der frühesten systematischen Anwendungen der Mikrofotografie im Nachrichtenwesen darstellte.

☐ **C:** Brieftauben dienten als Träger winziger Glasphiolen, in denen chemisch codierte Botschaften transportiert wurden, deren Zusammensetzung nur mit einem speziellen Entwicklerbad entschlüsselt werden konnte.

☐ **D:** Die Stadtverwaltung von Paris richtete ein Netzwerk aus Signaltürmen ein, auf denen trainierte Tauben durch farbige Fähnchen an den Füßen vorcodierte militärische Lageberichte an die Außenposten übermittelten.

51.) Was versteht man unter der "Taubenzüchterlunge" in der Humanmedizin?

☐ **A:** Es handelt sich um eine bakterielle Lungenentzündung, die durch Chlamydia psittaci hervorgerufen wird und sich über eingeatmeten Taubenkot auf den Menschen überträgt, wobei hohes Fieber ein Leitsymptom ist.

☐ **B:** Die Bezeichnung beschreibt eine chronische Atemwegsverengung ähnlich dem Asthma, die durch Federstaubpartikel verursacht wird und sich durch wiederholte Bronchospasmen bei engem Taubenkontakt äußert.

☐ **C:** Es ist eine exogen-allergische Alveolitis, bei der eingeatmete Proteine aus Taubenkot und Federstaub eine immunvermittelte Entzündungsreaktion der Lungenbläschen hervorrufen, wobei Tauben-IgA als bedeutsames Auslöserantigen identifiziert wurde.

☐ **D:** Damit wird eine Fibrose der Bronchialschleimhaut bezeichnet, die durch langjährige Inhalation feiner Taubenfederfragmente entsteht und im Verlauf zu einer zunehmenden Verhärtung des Lungengewebes mit Atemnot führt.

52.) Welche Eigenschaft des Taubenskeletts teilen Tauben mit den meisten flugfähigen Vögeln?

☐ **A:** Die Knochen der Taube bestehen aus besonders dichtem, kompaktem Material mit erhöhtem Mineralgehalt, was bei geringem Durchmesser eine hohe Bruchfestigkeit ergibt und die Landung auf harten Oberflächen erleichtert.

☐ **B:** Im Taubenskelett sind mehrere Wirbel der Brustwirbelsäule zu einer starren Einheit verschmolzen, die als Widerlager für die Flugmuskulatur dient und zugleich das Volumen der Körperhöhle verkleinert, um den Luftwiderstand zu senken.

☐ **C:** Die Rippen der Taube sind über biegsame Knorpelgelenke miteinander verbunden, die beim Flügelschlag wie Federn wirken und kinetische Energie speichern, sodass der nächste Aufschlag weniger Muskelkraft erfordert.

☐ **D:** Viele Knochen, etwa Oberarmknochen und Brustbein, sind pneumatisiert, also mit luftgefüllten Hohlräumen durchsetzt, die über Verbindungen mit dem Luftsacksystem das Skelett leichter machen, ohne die Stabilität wesentlich zu verringern.

53.) Welche Besonderheit weist die Wachshaut (Cere) an der Schnabelbasis der Felsentaube auf?

☐ **A:** Die Wachshaut enthält ein dichtes Netz von Geschmacksknospen, mit deren Hilfe die Taube die chemische Zusammensetzung der aufgenommenen Nahrung bereits beim Picken prüft und ungeeignete Körner aussortiert.

☐ **B:** In der Wachshaut befinden sich Drüsenfelder, die ein wasserabweisendes Sekret produzieren und damit den Schnabel pflegen, sodass die Keratinschicht der Schnabeloberfläche vor Austrocknung und Rissbildung geschützt ist.

☐ **C:** Ihre ausgeprägte Durchblutung ermöglicht eine Wärmeabgabe über Konvektion, die während des Flugs aktiviert wird und als zusätzlicher Thermoregulationsmechanismus neben dem Hecheln eine wesentliche Rolle spielt.

☐ **D:** Sie beherbergt die Nasenöffnungen der Taube und schützt diese vor eindringendem Staub und Wasser, wobei die weiche, wulstige Beschaffenheit des Gewebes bei vielen Rassen züchterisch in Form und Größe verändert wurde.

54.) In welchem ungefähren Zeitraum wird die Erstdomestikation der Felsentaube nach archäologischen Befunden angesetzt?

☐ **A:** Die frühesten Belege stammen aus dem alten Ägypten um 1500 v. Chr., wo Tauben nachweislich in Tempelbezirken gehalten und als Opfertiere für Fruchtbarkeitsrituale gezüchtet wurden.

☐ **B:** Knochenfunde aus griechischen Siedlungen des 7. Jahrhunderts v. Chr. legen nahe, dass die systematische Haltung der Felsentaube in der Ägäis begann und sich von dort nach Osten ausbreitete.

☐ **C:** Archäologische Hinweise aus Südamerika deuten darauf hin, dass die Domestikation der Taube unabhängig von der Alten Welt um 2000 v. Chr. in den Anden begann und parallel zur Meerschweinchendomestikation verlief.

☐ **D:** Archäologische Funde aus dem Fruchtbaren Halbmond weisen darauf hin, dass die Felsentaube bereits vor rund 5000 bis 10.000 Jahren in Mesopotamien als Haustier gehalten wurde, womit sie zu den am frühesten domestizierten Vogelarten zählt.

55.) Welche Leistung erbrachten Tauben in der Studie von Scarf, Boy, Uber Reinert und Kollegen zur schriftsprachlichen Verarbeitung?

☐ **A:** Die Tiere lernten, auf einem Bildschirm zwischen verschiedenen typografischen Schriftarten zu unterscheiden und konnten nach dem Training dieselben Buchstaben in einer ihnen zuvor unbekannten Schrifttype korrekt identifizieren.

☐ **B:** Tauben wurden konditioniert, kurze Sätze ihrer Wortanzahl nach aufsteigend zu ordnen, was auf ein rudimentäres syntaktisches Verständnis hindeutete und die Forscher veranlasste, weitere Sprachstudien mit Tauben durchzuführen.

☐ **C:** Im Versuch konnten Tauben einzelne Buchstaben des Alphabets voneinander unterscheiden und lernten, diese in der korrekten Reihenfolge auf einem Bildschirm anzupicken, wobei sie bis zu 12 Buchstaben fehlerfrei sequenzierten.

☐ **D:** Tauben erlernten die Unterscheidung zwischen echten englischen Wörtern und bedeutungslosen Buchstabenfolgen und konnten diese Fähigkeit auf ihnen zuvor unbekannte Wörter übertragen, was auf orthografische Verarbeitungsprozesse hindeutete.

56.) Warum gelten Stadttauben in der Umweltforschung als geeignete Bioindikatoren für Schwermetallbelastungen?

☐ **A:** Tauben zeigen bei Schwermetallaufnahme rasch sichtbare Verfärbungen im Gefieder, die sich spektrometrisch auswerten lassen und dadurch einen unmittelbaren Rückschluss auf die lokale Bodenbelastung ermöglichen.

☐ **B:** Da Tauben weite Strecken fliegen und Nahrung aus vielen verschiedenen Regionen aufnehmen, liefern sie ein statistisch robustes Mittelwertprofil der Schwermetallbelastung einer Großregion anstelle eines einzelnen Standorts.

☐ **C:** Aufgrund ihrer standorttreuen Lebensweise, bodennahen Nahrungssuche und guten Verfügbarkeit in urbanen Räumen spiegeln Gewebe- und Federproben von Stadttauben die lokale Schadstoffbelastung ihres Lebensumfelds wider.

☐ **D:** Die Leber der Stadttaube reichert Schwermetalle in einer speziesspezifisch hohen Rate an, die bei Obduktionen messbar ist und damit einen empfindlicheren Nachweis als Boden- oder Wasserproben desselben Standorts erlaubt.

57.) Was lässt sich über die Fluggeschwindigkeit und die Flügelmechanik von Brieftauben zusammenfassend sagen?

☐ **A:** Im Reiseflug erreichen Brieftauben Geschwindigkeiten um 80 Kilometer pro Stunde, wobei der Abwärtsschlag der Flügel den Vortrieb erzeugt und der Aufwärtsschlag durch Spreizen der Handschwingen den Luftwiderstand verringert.

☐ **B:** Die Maximalgeschwindigkeit von Brieftauben im Sturzflug liegt bei über 200 Kilometern pro Stunde, wobei die Tiere ihre Flügel dicht an den Körper anlegen und erst knapp über dem Boden zur Landung wieder ausbreiten.

☐ **C:** Brieftauben fliegen im Schnitt mit rund 40 Kilometern pro Stunde und kompensieren ihre geringe Geschwindigkeit durch Nutzung thermischer Aufwinde, die sie in kreisenden Gleitflügen über weite Strecken tragen.

☐ **D:** Die Flügelmechanik der Brieftaube beruht auf einem starren Flügelschlag, bei dem sich Auf- und Abschlag in ihrer Schubkraft gleichen und die Taube daher eine nahezu gleichförmige Geschwindigkeit von rund 120 Kilometern pro Stunde halten kann.

58.) In welchem kulturellen Zusammenhang hatte die Taubenhaltung im antiken Mesopotamien und Ägypten eine frühe Bedeutung?

☐ **A:** Tauben galten im antiken Mesopotamien als Boten des Kriegsgottes und wurden vor Feldzügen zu Hunderten freigelassen, wobei ihre Flugrichtung als Omen für den Ausgang bevorstehender Schlachten gedeutet wurde.

☐ **B:** In Mesopotamien und Ägypten wurden Tauben als Fruchtbarkeits- und Göttinnensymbole verehrt und in Tempelbezirken gehalten, und ihr Kot diente zugleich als geschätzter stickstoffreicher Dünger in der Landwirtschaft.

☐ **C:** Im alten Ägypten hielt man Tauben vorwiegend in den Grabkammern der Pharaonen, weil ihnen die Fähigkeit zugesprochen wurde, die Seelen der Verstorbenen ins Jenseits zu geleiten und dabei als Wegweiser zu dienen.

☐ **D:** Antike mesopotamische Städte setzten Tauben systematisch als Wasserfinder ein, weil man beobachtet hatte, dass Tauben stets in Richtung verborgener Wasserquellen flogen und so die Anlage neuer Brunnen erleichterten.

59.) Wie wird die Flughöhe freilebender Felsentauben und Brieftauben nach Beobachtungen und Messungen typischerweise eingeschätzt?

☐ **A:** Felsentauben fliegen bevorzugt in Bodennähe unter 10 Metern Höhe, weil ihre Flügelform für den Gleitflug in Bodenwinden optimiert ist und sie ab einer Höhe von 50 Metern kaum noch orientierungsfähig wären.

☐ **B:** Brieftauben steigen routinemäßig auf Höhen von über 3000 Metern auf, um dort Jetstream-Winde für den Vortrieb zu nutzen und ihren Energieverbrauch auf Langstreckenflügen erheblich zu reduzieren.

☐ **C:** Brieftauben fliegen auf Wettflügen meist in Höhen zwischen 100 und 500 Metern, wobei sie die Flughöhe an Wetterbedingungen, Wind und Gelände anpassen und bei Gegenwind tendenziell tiefer fliegen.

☐ **D:** Felsentauben orientieren sich in freier Wildbahn stets an der Horizontlinie und halten dabei eine Flughöhe, die exakt der Höhe ihrer Brutfelsen entspricht, was als Bezugshöheninstinkt der Felsentaube beschrieben wird.

60.) Was bewirkt das sogenannte "Grizzle"-Muster in der Taubengenetik?

☐ **A:** Das Grizzle-Gen führt zu einer symmetrischen Fleckenzeichnung, bei der klar abgegrenzte weiße und farbige Federareale ein scheckiges Muster bilden, das bei zahlreichen Hochfliegertaubenrassen als Rassemerkmal gezüchtet wird.

☐ **B:** Es handelt sich um einen Faktor, der die Pigmentierung der Irisfarbe beeinflusst und bei betroffenen Tieren einen hellen, perlfarbenen Augenring erzeugt, der den Blick aus größerer Entfernung auffällig erscheinen lässt.

☐ **C:** Grizzle beschreibt eine altersbedingte Aufhellung des Gefieders, bei der das Federkleid mit zunehmendem Alter der Taube progressiv heller wird, bis die Tiere im fortgeschrittenen Alter ein beinahe weißes Erscheinungsbild zeigen.

☐ **D:** Es erzeugt eine Mischung aus pigmentierten und unpigmentierten Federanteilen, wobei die betroffenen Federn ein gestreiftes oder gesprenkeltes Aussehen erhalten und sich der Weißanteil mit jeder Mauser progressiv verstärken kann.

61.) Was zeigte B.F. Skinners berühmtes Experiment zur "Superstition in the Pigeon" aus dem Jahr 1948?

☐ **A:** Skinner wies nach, dass Tauben durch klassische Konditionierung mit einem akustischen Signal eine gezielte motorische Handlung erlernen und diese über Wochen hinweg zuverlässig abrufen können, wenn das Signal ertönt.

☐ **B:** Tauben, die in festen Zeitabständen Futter erhielten, entwickelten individuelle, ritualartige Verhaltensweisen wie Drehbewegungen oder Kopfnicken, weil sie eine zufällige Kopplung ihres Verhaltens mit der Futtergabe herstellten.

☐ **C:** In dem Versuch lernten Tauben, einen farbigen Hebel zu betätigen, um Futter zu erhalten, wobei Skinner erstmals das Prinzip der operanten Konditionierung mit kontingenter Verstärkung an Vögeln dokumentierte.

☐ **D:** Skinner demonstrierte, dass hungrige Tauben in einer Versuchskammer spontan das Verhalten ihrer Artgenossen imitieren und dadurch komplexe Handlungsketten erlernen, die über soziales Lernen weitergegeben werden.

62.) Welche ungewöhnliche Beziehung pflegte der Erfinder und Physiker Nikola Tesla zu Tauben in seinen letzten Lebensjahren?

☐ **A:** Tesla entwickelte eine tiefe emotionale Bindung zu den Stadttauben New Yorks, fütterte sie regelmäßig in Parks und Hotelzimmern und soll eine besondere weiße Täubin als seine engste Gefährtin betrachtet haben.

☐ **B:** Er errichtete auf dem Dach seines Hotels einen kleinen Taubenschlag, in dem er Brieftauben hielt und darauf trainierte, kurze Nachrichten zwischen seinen verschiedenen Laborstandorten in Manhattan zu befördern.

☐ **C:** Tesla führte systematische Beobachtungen am Flugverhalten von Tauben durch und versuchte, deren Flügelschlagmuster mathematisch zu modellieren, um daraus Konstruktionsprinzipien für neuartige Flugmaschinen abzuleiten.

☐ **D:** Der Physiker nutzte Tauben als lebende Versuchsobjekte für seine Experimente mit elektromagnetischen Feldern, wobei er die Reaktion der Tiere auf Hochfrequenzstrahlung in unmittelbarer Nähe seiner Sendeanlagen protokollierte.

63.) Was beweisen die sogenannten "Clock-Shift"-Experimente, die seit Schmidt-Koenig 1958 mit Brieftauben durchgeführt werden, hinsichtlich der Orientierung?

☐ **A:** Die Versuche zeigen, dass Brieftauben sich beim Heimflug vorrangig an Infraschallwellen orientieren, denn eine Verschiebung der inneren Uhr hat auf ihre anfängliche Flugrichtung keinen messbaren Einfluss.

☐ **B:** Durch Veränderung des Licht-Dunkel-Rhythmus wird der Magnetsinn der Tauben beeinflusst, was zu einer Abweichung in der Wahrnehmung des Erdmagnetfelds und damit zu vorhersagbaren Fehlern in der Orientierung führt.

☐ **C:** Die Verschiebung der inneren Uhr um 6 Stunden bewirkt eine vorhersagbare Ablenkung der Abflugrichtung um etwa 90 Grad, was belegt, dass Tauben einen zeitkompensierten Sonnenkompass zur Orientierung nutzen.

☐ **D:** Das Experiment demonstriert, dass Tauben ihren Heimweg anhand visueller Landmarken finden, da eine Änderung des Tagesrhythmus bei ortserfahrenen Tieren keinerlei Auswirkung auf die Heimkehrleistung hat.

64.) Was ist über die genetische Grundlage des Rollverhaltens bei Rollertauben, etwa dem Birmingham Roller, bekannt?

☐ **A:** Das Rollen wird durch ein einzelnes dominantes Gen auf dem Z-Chromosom gesteuert, weshalb Täuber das Verhalten deutlich häufiger und intensiver zeigen als Täubinnen derselben Zuchtlinie.

☐ **B:** Genomanalysen ergaben, dass das Rollverhalten durch eine Mutation im Gleichgewichtsorgan des Innenohrs verursacht wird, die zu periodischen Fehlsignalen an das Kleinhirn führt.

☐ **C:** Das Verhalten beruht auf einem erlernten Bewegungsmuster, das Jungtiere von fliegenden Altvögeln übernehmen und das durch selektive Zucht über Generationen stabilisiert wurde, ohne dass ein einzelnes Gen identifiziert werden konnte.

☐ **D:** Das als "ro" bezeichnete rezessive Gen löst eine progressive Bewegungsstörung aus, an der mindestens 5 Genomregionen beteiligt sind und die bei extremen Varianten wie dem Parlor Roller zum Verlust dcr Flugfähigkcit führt.

65.) Welchen Zweck erfüllten die bis zu 3000 Taubentürme, die in der Umgebung von Isfahan im Iran während der Safawiden-Ära errichtet wurden?

☐ **A:** Die zylindrischen Lehmbauten dienten als Nistplätze für Tausende wildlebender Tauben, deren stickstoffreicher Kot systematisch gesammelt und als hochwertiger Dünger vor allem für den Melonenanbau verwendet wurde.

☐ **B:** In den Türmen wurden Tauben gezüchtet und gemästet, um am Hof der Safawiden-Herrscher als kulinarische Delikatesse zu dienen, wobei jeder Turm einer bestimmten Zuchtlinie vorbehalten war.

☐ **C:** Sie fungierten als Signalstationen eines landesweiten Brieftaubennetzes, das dem safawidischen Postwesen diente und Nachrichten zwischen Isfahan und den Provinzhauptstädten des Reiches beförderte.

☐ **D:** Die Bauwerke dienten als Vorratskammern, in denen lebende Tauben als strategische Nahrungsreserve für Belagerungszeiten gehalten wurden, weshalb ihre Errichtung direkt neben den Stadtmauern erfolgte.

66.) Welche historische Bedeutung hatte Taubenkot als Rohstoff für die Herstellung von Schießpulver?

☐ **A:** Taubenkot wurde im 18. Jahrhundert in der industriellen Sprengstoffproduktion eingesetzt, weil sein hoher Phosphorgehalt die Detonationskraft des Schwarzpulvers gegenüber herkömmlichen Rezepturen erheblich verstärkte.

☐ **B:** Im England des 16. Jahrhunderts galt Taubenkot als eine der wenigen verfügbaren Quellen für Salpeter, einen Hauptbestandteil des Schwarzpulvers, weshalb Taubenschläge bewacht wurden und der Kot als wertvolles Gut gehandelt wurde.

☐ **C:** Erst während des amerikanischen Bürgerkriegs entdeckten konföderierte Chemiker, dass Taubenkot Kaliumnitrat enthält, und begannen daraufhin erstmals in der Geschichte, tierische Exkremente zur Pulverherstellung einzusetzen.

☐ **D:** In der osmanischen Militärtradition vermischte man Taubenguano mit Holzkohle und Schwefel direkt auf dem Schlachtfeld, da die natürliche Hitzeentwicklung des frischen Kots die Zündung des Gemischs ohne zusätzliche Wärmequelle ermöglichte.

67.) Welche Entdeckung machten Forscher um Robert Magrath an der Schopftaube (Ocyphaps lophotes) hinsichtlich nichtverbaler Warnsignale?

☐ **A:** Die Schopftaube erzeugt beim Abflug durch rhythmisches Aufstampfen mit den Füßen auf dem Untergrund niederfrequente Vibrationen, die von Artgenossen über spezialisierte Rezeptoren an den Ständern wahrgenommen werden.

☐ **B:** Bei Gefahr stößt die Schopftaube einen kurzen gutturalen Laut aus dem Kehlkopf aus, der in Frequenz und Lautstärke deutlich vom normalen Gurren abweicht und bei Artgenossen sofortige Fluchtreaktionen hervorruft.

☐ **C:** Die Forscher stellten fest, dass die Schopftaube ihre Kopffedern bei Gefahr aufrichtet und durch schnelles Vibrieren der Federhaube ein für Artgenossen wahrnehmbares ultraviolettes Blitzmuster erzeugt, das als optisches Warnsignal dient.

☐ **D:** Eine verschmälerte 8. Handschwinge erzeugt beim Flügelschlag ein pfeifendes Geräusch, dessen Tempo sich bei alarmiertem Abflug beschleunigt und als mechanisches Warnsignal fungiert, das bei Artgenossen Fluchtverhalten auslöst.

68.) Was versteht man in der Gastronomie unter dem Begriff "Squab" und welche kulturelle Verbreitung hat dieses Gericht?

☐ **A:** Squab bezeichnet das luftgetrocknete und gepökelte Fleisch ausgewachsener Wildtauben, das vorwiegend in der skandinavischen und baltischen Küche als Wintervorrat zubereitet und in dünnen Scheiben serviert wird.

☐ **B:** Der Begriff umfasst sämtliche Zubereitungsformen von Taubenfleisch unabhängig vom Alter des Tieres und findet vor allem in der indischen und südostasiatischen Straßenküche als Bezeichnung für gegrillte Taubenspieße Verwendung.

☐ **C:** Squab ist das Fleisch junger, noch nicht flugfähiger Haustauben im Alter von etwa 4 Wochen, das seit der Antike als Delikatesse gilt und in der französischen, chinesischen und nordafrikanischen Küche traditionell zubereitet wird.

☐ **D:** Die Bezeichnung bezieht sich auf eine fermentierte Taubenpastete, die ihren Ursprung im mittelalterlichen England hat und bei der das Fleisch älterer Zuchttauben durch monatelange Reifung in Salzlake haltbar gemacht wird.

69.) Wie viele Eier umfasst ein typisches Gelege der Felsentaube und wie ist die Brutbiologie in Bezug auf die Brutfrequenz organisiert?

☐ **A:** Ein Gelege besteht in der Regel aus 2 weißen Eiern, und unter günstigen Bedingungen können Felsentauben bis zu 6 Bruten pro Jahr durchführen, wobei oft bereits während der Aufzucht einer Brut das nächste Gelege begonnen wird.

☐ **B:** Die Täubin legt gewöhnlich 4 bis 5 gesprenkelte Eier pro Gelege, brütet jedoch nur einmal im Jahr während einer festen Brutperiode im Frühling, da die Kropfmilchproduktion jahreszeitlich begrenzt ist.

☐ **C:** Felsentauben legen ein einzelnes, relativ großes Ei pro Brutdurchgang, das sie gemeinsam über einen Zeitraum von etwa 25 Tagen bebrüten, bevor das Küken schlüpft und für weitere 6 Wochen im Nest versorgt wird.

☐ **D:** Das Gelege umfasst 3 bläulich gefärbte Eier, die ausnahmslos von der Täubin bebrütet werden, während der Täuber die gesamte Nahrungsbeschaffung übernimmt und die Brut maximal zweimal jährlich stattfindet.

70.) Welchen aerodynamischen Zweck erfüllt das charakteristische Flügelklatschen, das Felsentauben beim Start erzeugen?

☐ **A:** Die Flügel schlagen beim Aufwärtsschlag gegen den Rumpf und erzeugen so eine Druckwelle, die den Körper zusätzlich nach oben beschleunigt und als akustisches Warnsignal für ruhende Artgenossen in der Umgebung dient.

☐ **B:** Die Flügel werden über dem Rücken zusammengeschlagen und dann rasch auseinandergezogen, wobei zwischen den Flächen ein Unterdruck entsteht, der sofortigen Auftrieb erzeugt und einen steilen Startwinkel ermöglicht.

☐ **C:** Das Klatschen entsteht durch ein Zusammenpressen der Luft in den Luftsäcken des Rumpfes, die beim schnellen Ausbreiten der Flügel schlagartig entweicht und dabei ein hörbares Geräusch verursacht, das territorial wirkende Artgenossen abschreckt.

☐ **D:** Es handelt sich um ein rein akustisches Imponierverhalten des Täubers, das keinen aerodynamischen Vorteil bietet, sondern der Täubin im Rahmen der Balz seine Flugfähigkeit und körperliche Fitness signalisiert.

71.) Wie erzeugen Tauben ihre arttypischen Gurrlaute auf anatomischer Ebene?

☐ **A:** Die Lautäußerung entsteht durch Vibration der Schnabelplatten, die beim Öffnen und Schließen des Schnabels gegeneinander reiben und dabei durch Resonanz im Rachenraum den charakteristischen tiefen Ton erzeugen.

☐ **B:** Tauben pressen Luft aus den Luftsäcken gegen eine Membran im Bereich der Luftröhrengabelung, wobei der geschlossene Schnabel als Resonanzkörper dient und dem Laut seine typische dumpfe Klangfarbe verleiht.

☐ **C:** Die Syrinx, das stimmbildende Organ am unteren Ende der Luftröhre, erzeugt durch Vibration von Membranen die Grundfrequenz, während der aufgeblähte Kropf als Resonanzraum wirkt und dem Gurren seine volltönende Qualität gibt.

☐ **D:** Das Gurren entsteht durch schnelle Kontraktionen des Kehlkopfes im oberen Bereich der Luftröhre, wobei der aufgeblähte Kehlsack die Schallwellen verstärkt und ihnen die für Tauben charakteristische tiefe Frequenz verleiht.

72.) Welche anderen Vogelarten außer Tauben sind dafür bekannt, ihre Jungen mit einem der Kropfmilch vergleichbaren Sekret zu füttern?

☐ **A:** Pelikane und Kormorane produzieren in der Kropfschleimhaut ein ähnliches Sekret, das sich in seiner Zusammensetzung von der Taubenkropfmilch unterscheidet, aber ebenfalls zur Erstfütterung frisch geschlüpfter Küken dient.

☐ **B:** Einige Papageienarten, insbesondere Wellensittiche und Nymphensittiche, erzeugen im Kropf eine milchartige Substanz, die sie in den ersten Lebenstagen an die Küken verfüttern und die reich an Antikörpern ist.

☐ **C:** Pinguine der Gattung Eudyptes produzieren ein öliges Magensekret, das sie an ihre Küken weitergeben, wobei dieses Sekret in seiner chemischen Zusammensetzung und Entstehungsweise der Taubenkropfmilch nahezu entspricht.

☐ **D:** Flamingos und einige verwandte Arten produzieren ein prolaktingesteuertes Sekret im oberen Verdauungstrakt, das in Funktion und hormoneller Regulation der Taubenkropfmilch ähnelt, sich jedoch in seiner blutroten Färbung deutlich unterscheidet.

73.) Welcher Zusammenhang besteht zwischen dem natürlichen Lebensraum der Felsentaube und ihrer Besiedlung städtischer Gebiete?

☐ **A:** Die Felsentaube brütet ursprünglich an steilen Felsklippen und in Höhlen, und städtische Gebäudefassaden mit Simsen, Nischen und Dachvorsprüngen bieten ihr eine dem Felshabitat strukturell sehr ähnliche Umgebung.

☐ **B:** Felsentauben lebten ursprünglich in Auenwäldern an Flussufern und nutzten hohle Baumstämme als Brutplätze, weshalb sie in Städten bevorzugt in Parkanlagen mit altem Baumbestand nisten.

☐ **C:** Der natürliche Lebensraum der Felsentaube sind offene Graslandschaften und Steppen, in denen sie am Boden brütet, was erklärt, weshalb Stadttauben häufig auf ebenerdigen Grünflächen und unter Brücken ihre Nester anlegen.

☐ **D:** Felsentauben bewohnten ursprünglich dichte Schilfgürtel an Küstenlagunen und wanderten erst durch die Austrocknung dieser Feuchtgebiete in städtische Bereiche ab, wo sie feuchte Kellergewölbe als Ersatzbiotop nutzen.

74.) Was ist die marokkanische "Pastilla" (auch B'stilla) in Bezug auf Tauben?

☐ **A:** Es handelt sich um eine pikante Taubenwurst, bei der das Fleisch älterer Tauben fein gehackt, mit Harissa und nordafrikanischen Gewürzen vermengt und in einem Naturdarm geräuchert wird.

☐ **B:** Die Pastilla ist ein traditionelles Blätterteiggebäck, in dem geschmortes Taubenfleisch mit Mandeln, Eiern und einer Mischung aus Zimt und Puderzucker zu einer herzhaft-süßen Füllung vereint wird.

☐ **C:** Unter Pastilla versteht man ein langsam in Tontöpfen gegartes Taubenragout, das mit Couscous und eingelegten Zitronen serviert wird und seinen Ursprung in der andalusisch-maurischen Palastküche hat.

☐ **D:** Die Bezeichnung steht für eingelegte Taubeneier in einer gewürzten Salzlake aus Kreuzkümmel und Safran, die als Vorspeise zu festlichen Anlässen im gesamten Maghreb gereicht werden.

75.) Welche kardiovaskulären Anpassungen ermöglichen Tauben die hohe Sauerstoffversorgung, die für den Dauerflug erforderlich ist?

☐ **A:** Tauben besitzen 2 parallel arbeitende Herzkammern auf der linken Seite, die abwechselnd kontrahieren und so einen doppelt so hohen Blutdruck wie bei vergleichbar großen Säugetieren erzeugen.

☐ **B:** Ihr Herz verfügt über ein zusätzliches Klappenventil zwischen Vorhof und Kammer, das bei hoher Belastung den Blutrückfluss verhindert und dadurch das Schlagvolumen im Flug um das 3-fache steigert.

☐ **C:** Die Erythrozyten der Taube haben eine besonders flache, scheibenförmige Gestalt mit einem Durchmesser weit über dem anderer Vögel, was die Sauerstoffbindungskapazität pro Volumeneinheit Blut erheblich vergrößert.

☐ **D:** Tauben besitzen relativ zu ihrer Körpergröße ein großes Herz mit hoher Schlagfrequenz, und ihre kernhaltigen Erythrozyten tragen Hämoglobin mit einer Sauerstoffaffinität, die den effizienten Gasaustausch in den Lungen-Parabronchien begünstigt.

76.) Wie verläuft das typische Training junger Brieftauben, bevor sie bei Wettflügen eingesetzt werden?

☐ **A:** Jungtauben werden bereits im Alter von 2 Wochen einzeln per Hand aus steigender Entfernung aufgelassen, damit sie sich möglichst früh an das eigenständige Fliegen und die Rückkehr zum Schlag gewöhnen.

☐ **B:** Das Training beginnt damit, dass die Jungtiere einem erfahrenen Alttier auf kurzen Strecken folgen, wobei der Altvogel über eine am Fuß befestigte Lichtquelle als Leitvogel erkennbar gemacht wird.

☐ **C:** Zunächst werden die Jungtauben an den Schlag gewöhnt und zu freien Flügen um den Schlag ermutigt, bevor man sie in schrittweise zunehmender Entfernung auflässt, um die Heimkehrfähigkeit systematisch aufzubauen.

☐ **D:** Junge Brieftauben werden ausnahmslos gemeinsam mit der gesamten Schlaggemeinschaft trainiert, da individuelle Auflassungen die soziale Bindung an die Gruppe gefährden und das Heimkehrverhalten nachhaltig stören würden.

77.) Welche Merkmale kennzeichnen die Küken der Felsentaube unmittelbar nach dem Schlüpfen?

☐ **A:** Taubenküken schlüpfen als Nesthocker mit geschlossenen Augen, spärlichem gelblichem Flaum und sind in den ersten Lebenstagen vollständig auf die Wärme und Fütterung durch die Elterntiere angewiesen.

☐ **B:** Die Küken sind beim Schlüpfen bereits mit einem dichten, wasserabweisenden Daunenkleid bedeckt und können den Nistplatz innerhalb weniger Stunden verlassen, um eigenständig nach Nahrung zu suchen.

☐ **C:** Frisch geschlüpfte Taubenküken besitzen voll entwickelte Augen und ein graues Federkleid, bewegen sich aber erst nach etwa einer Woche selbstständig und werden zuvor von den Eltern im Nest mit Sämereien gefüttert.

☐ **D:** Die Jungen schlüpfen in einem weit entwickelten Zustand mit offenen Augen und funktionsfähigen Beinen, verstecken sich jedoch instinktiv unter den Flügeln der Eltern und verlassen das Nest frühestens am dritten Lebenstag.

78.) Welche Unterarten der Felsentaube (Columba livia) sind in ihrem natürlichen Verbreitungsgebiet beschrieben worden?

☐ **A:** Die Felsentaube bildet eine einzige, über das gesamte Verbreitungsgebiet hinweg genetisch einheitliche Population, weshalb in der modernen Taxonomie auf eine Untergliederung in Unterarten verzichtet wird.

☐ **B:** Es werden mehrere Unterarten unterschieden, darunter die Nominatform Columba livia livia aus Europa und Nordafrika sowie weitere Formen wie C. l. gaddi aus dem Iran und C. l. neglecta aus Zentralasien.

☐ **C:** Die Unterarten der Felsentaube beschränken sich auf 2 Formen, eine westliche und eine östliche, die sich durch die Intensität der Flügelbinden unterscheiden und deren Verbreitungsgrenze am Ural verläuft.

☐ **D:** Sämtliche freilebenden Populationen der Felsentaube außerhalb Europas gelten als verwilderte Haustauben und werden daher taxonomisch keiner eigenen Unterart zugeordnet, sondern als Mischpopulationen geführt.

79.) In welchem traditionellen Handwerk Nordafrikas wird Taubenkot noch heute als Rohstoff eingesetzt?

☐ **A:** In der ägyptischen Keramikherstellung dient Taubenkot als Zusatz zur Tonmischung, der beim Brennen ausgast und dadurch eine poröse Struktur erzeugt, die den Gefäßen eine bessere Wärmeisolation verleiht.

☐ **B:** Tunesische Färber verwenden Taubenkot als Beizstoff bei der Herstellung von Naturfarben, weil die darin enthaltene Harnsäure als Fixiermittel wirkt und die Farbechtheit pflanzlicher Pigmente auf Baumwollstoffen erhöht.

☐ **C:** In marokkanischen Gerbereien, etwa in Fès, wird Taubenkot beim Gerben von Leder eingesetzt, da der hohe Ammoniakgehalt die Hautfasern aufweicht und geschmeidig macht, was dem fertigen Leder seine besondere Weichheit verleiht.

☐ **D:** Algerische Ziegelbrenner mischen Taubenkot unter den Lehm, weil der beim Brand entstehende Stickstoff eine chemische Härtung der Tonmatrix bewirkt und die Ziegel widerstandsfähiger gegen Witterungseinflüsse macht.

80.) Wie ist die soziale Rangordnung innerhalb einer Gruppe von Felsentauben organisiert?

☐ **A:** Felsentauben bilden keine feste Rangordnung, sondern entscheiden Konflikte um Ressourcen stets durch ritualisierte Gesangsduelle, bei denen der ausdauerndere Sänger den Vortritt erhält.

☐ **B:** Die Rangordnung basiert auf dem Alter der Tiere, wobei die älteste Taube einer Gruppe den Schwarm anführt und die jüngeren sich bei Futterquellen stets zurückhalten, bis die Älteren gefressen haben.

☐ **C:** In einer Taubengruppe herrscht ein streng matriarchales System, in dem die Täubinnen die ranghohen Positionen besetzen und die Täuber sich den von ihnen gewählten Brutplätzen und Futterstellen unterordnen.

☐ **D:** Felsentauben etablieren lineare Dominanzhierarchien, in denen vor allem Täuber durch Drohen, Flügelschlagen und Schnabelhiebe Vorrangstellung an Futter- und Brutplätzen erlangen und diese gegenüber rangniedrigeren Tieren verteidigen.

81.) Was zeigte das Experiment von Herbranson und Schroeder aus dem Jahr 2010 über das Entscheidungsverhalten von Tauben beim sogenannten Monty-Hall-Dilemma?

☐ **A:** Tauben lernten innerhalb weniger Sitzungen, bei 3 Auswahlmöglichkeiten stets die mittlere Option zu bevorzugen, da diese statistisch am häufigsten belohnt wurde, was auf eine räumliche Voreingenommenheit hinwies.

☐ **B:** Die Tauben wechselten nach Entfernung einer falschen Option nahezu immer zur verbleibenden Alternative, was der optimalen Strategie entspricht, während menschliche Probanden deutlich seltener wechselten und suboptimal entschieden.

☐ **C:** Im Versuch zeigte sich, dass Tauben und Studenten gleichermaßen dazu neigten, bei ihrer ersten Wahl zu bleiben, wobei beide Gruppen erst nach umfangreichem Training eine leichte Tendenz zum Wechseln entwickelten.

☐ **D:** Die Tiere entwickelten eine Strategie, bei der sie in zufälliger Abfolge zwischen Bleiben und Wechseln variierten, was zwar die optimale Gewinnrate verfehlte, aber menschlichen Probandengruppen dennoch überlegen war.

82.) Was ist die von der britischen Tierschutzorganisation PDSA verliehene Dickin-Medaille und welche Rolle spielten Tauben unter den Preisträgern?

☐ **A:** Die Dickin-Medaille gilt als höchste Auszeichnung für tierische Tapferkeit im Militärdienst und wurde seit 1943 insgesamt 32 Mal an Brieftauben verliehen, womit Tauben lange die am häufigsten ausgezeichnete Tierart darstellten.

☐ **B:** Die Medaille wurde im Ersten Weltkrieg eingeführt, um Pferde zu ehren, die im Fronteinsatz dienten, und erst ab 1942 auf Brieftauben ausgeweitet, die Nachrichten über den Ärmelkanal transportierten.

☐ **C:** Die PDSA vergibt die Dickin-Medaille an Tiere, die in Naturkatastrophen Rettungseinsätze unterstützt haben, wobei Hunde mit über 40 Auszeichnungen die häufigsten Empfänger sind und Tauben an zweiter Stelle stehen.

☐ **D:** Die Auszeichnung wird an Militärtiere verliehen, die im Dienst verletzt wurden, und wurde im Zweiten Weltkrieg vorwiegend an Spürhunde vergeben, während Tauben lediglich 5 Medaillen für besondere Botendienste erhielten.

83.) Welche genetische Grundlage wurde für die Federhaube identifiziert, die zahlreiche Haustaubenrassen wie den Jakobiner oder die Indische Pfautaube kennzeichnet?

☐ **A:** Die Federhaube entsteht durch eine Verdoppelung des Keratin-Gens KRT75 auf einem Autosom, die zu einem verstärkten Federwachstum im Hinterkopfbereich führt und dominant vererbt wird.

☐ **B:** Ein regulatorisches Element im Promotor des Wnt-Signalwegs ist bei behaubten Rassen mutiert und bewirkt eine lokal erhöhte Follikelaktivität im Nackenbereich, deren Vererbung einem polygenen Muster folgt.

☐ **C:** Eine Punktmutation im Gen EphB2 kehrt die Wachstumsrichtung der Federanlagen im Nacken und Hinterkopf um, wird rezessiv vererbt und ist bei allen behaubten Rassen auf ein einziges Entstehungsereignis zurückzuführen.

☐ **D:** Mehrere unabhängige Mutationen in verschiedenen Genen des Hedgehog-Signalwegs führen bei unterschiedlichen Rassen zu jeweils eigenen Haubenformen, wobei jede Rasse ihren eigenen Entstehungsweg durchlaufen hat.

84.) Was ist die Taubenlausfliege (Pseudolynchia canariensis) und welche veterinärmedizinische Bedeutung kommt ihr zu?

☐ **A:** Es handelt sich um eine stechende Mücke, die vorwiegend in tropischen Regionen vorkommt und bei Tauben durch ihren Stich allergische Hautreaktionen auslöst, die zu Federausfall am Rücken und an den Flügeln führen.

☐ **B:** Die Taubenlausfliege ist eine frei fliegende Schmeißfliegenart, deren Larven sich in Taubennestern entwickeln und die frisch geschlüpften Küken befallen, wobei sie als Überträger von Salmonellen in Taubenbeständen gilt.

☐ **C:** Unter diesem Namen wird eine Art der Federmilben zusammengefasst, die sich von der Federsubstanz ernährt und bei starkem Befall die Flugfähigkeit beeinträchtigt, indem sie die Struktur der Handschwingen beschädigt.

☐ **D:** Es handelt sich um einen flachen, flugfähigen Ektoparasiten aus der Familie der Lausfliegen, der Taubenblut saugt und als Überträger des Blutparasiten Haemoproteus columbae fungiert, eines Erregers der Taubenmalaria.

85.) In welchem Zusammenhang steht Pablo Picassos berühmte Friedenstaube mit einer lebenden Taube?

☐ **A:** Die Lithografie von 1949 basierte auf einer weißen Mailänder Taube, die Picasso von seinem Freund und Rivalen Henri Matisse geschenkt bekommen hatte, und wurde vom Dichter Louis Aragon als Plakatmotiv für den Pariser Friedenskongress ausgewählt.

☐ **B:** Picasso zeichnete die Taube nach einem ausgestopften Exemplar aus dem Naturkundemuseum in Barcelona, das er seit seiner Jugend kannte, und widmete das Werk dem Andenken an seinen Vater, der Tauben gemalt hatte.

☐ **C:** Das Motiv entstand spontan während des Friedenskongresses, als eine weiße Taube durch ein offenes Fenster in Picassos Pariser Atelier flog und der Künstler sie in wenigen Strichen auf einem Druckstein festhielt.

☐ **D:** Die Friedenstaube war ein Auftragswerk der Kommunistischen Partei Frankreichs, für das Picasso mehrere Wochen lang Felsentauben in einem Pariser Taubenschlag studierte und deren Flugbewegungen skizzierte.

86.) Was geschah beim Jubiläumsrennen der Royal Pigeon Racing Association am 29. Juni 1997, und welche Erklärung wurde für das Ereignis vorgeschlagen?

☐ **A:** Starker Gegenwind über dem Ärmelkanal zwang die Tauben, in großer Höhe zu fliegen, wo ungewöhnlich kalte Luftschichten ihre Orientierungsfähigkeit einschränkten und nur wenige Hundert Tiere das Ziel erreichten.

☐ **B:** Über 60.000 Brieftauben verschwanden auf dem Weg von Frankreich nach England, und der Geophysiker Hagstrum brachte den Massenverlust mit dem Überschallknall der zeitgleich über dem Kanal fliegenden Concorde in Verbindung, der die Infraschallnavigation gestört haben könnte.

☐ **C:** Ein geomagnetischer Sturm infolge starker Sonnenaktivität überlagerte an diesem Tag das Erdmagnetfeld über Westeuropa so stark, dass die Tauben ihren Magnetkompass verloren und in alle Richtungen abgetrieben wurden.

☐ **D:** Eine plötzliche Inversionswetterlage über dem Ärmelkanal unterdrückte die von den heimischen Schlägen ausgehenden Geruchssignale vollständig, sodass die Tauben ihre Geruchskarte verloren und orientierungslos umherirrten.

87.) Welche Besonderheit weist die Bürzeldrüse bei Tauben im Vergleich zu den meisten anderen Vogelordnungen auf?

☐ **A:** Die Bürzeldrüse der Taube produziert ein besonders dünnflüssiges Sekret mit hohem Wachsesteranteil, das beim Putzen in die Federhäkchen eindringt und ihnen eine wasserabweisende Schicht verleiht.

☐ **B:** Bei Tauben ist die Bürzeldrüse saisonal aktiv und erreicht ihre Sekretionsleistung nur während der Brutzeit, wenn der erhöhte Prolaktinspiegel die Drüsenaktivität stimuliert und das Gefieder für die Brut vorbereitet.

☐ **C:** Die Drüse ist bei Tauben deutlich vergrößert und enthält antimikrobielle Peptide, die das Gefieder vor Bakterienbefall schützen und den Vögeln in urbanen Lebensräumen einen Überlebensvorteil verschaffen.

☐ **D:** Bei Tauben fehlt die Bürzeldrüse weitgehend oder ist nur rudimentär ausgebildet, weshalb die Gefiederpflege überwiegend durch Puderdunen übernommen wird, deren feines Zerfallsprodukt die Funktion des Bürzeläls ersetzt.

88.) Auf welchem Weg gelangt der Taubenparasit Trichomonas gallinae auf Greifvögel und Singvögel, und welche ökologischen Folgen wurden dokumentiert?

☐ **A:** Der Erreger wird über kontaminierten Taubenkot in städtische Gewässer eingetragen, wo trinkende Greifvögel und Singvögel ihn aufnehmen, wobei die Infektion vorwiegend den Darmtrakt befällt und zu chronischem Durchfall führt.

☐ **B:** Freilebende Tauben übertragen den Parasiten durch gemeinsames Staubbaden an Singvögel und Greifvögel, da die Zysten von Trichomonas gallinae im trockenen Bodensubstrat über Wochen infektiös bleiben.

☐ **C:** Greifvögel infizieren sich durch den Verzehr befallener Tauben, während Singvögel den Parasiten über kontaminiertes Futter an Futterstellen aufnehmen, was ab 2005 in Großbritannien zu massiven Bestandseinbrüchen beim Grünfink führte.

☐ **D:** Der Parasit gelangt über Taubenlausfliegen als Zwischenwirte auf Greifvögel und wird von dort über deren Gewölle an Singvögel weitergegeben, die das ausgewürgte Material zur Nahrungssuche durchstöbern.

89.) Was liegt dem sogenannten "Almond"-Farbmuster zugrunde, das bei zahlreichen Haustaubenrassen als geschecktes Gefieder in Erscheinung tritt?

☐ **A:** Eine Punktmutation im Melanocortin-1-Rezeptorgen verändert die Signaltransduktion in den Melanozyten, sodass die Pigmentproduktion in den Federzellen unregelmäßig ein- und ausgeschaltet wird.

☐ **B:** Das Almond-Muster entsteht durch eine Insertionsmutation in einem Transposon nahe dem Agouti-Signalprotein, das die räumliche Verteilung der Pigmentierung im Wechsel zwischen Eumelanin und Phäomelanin steuert.

☐ **C:** Ein epigenetischer Mechanismus inaktiviert den Tyrosinase-Promotor in wechselnden Hautarealen während jeder Mauser, was zu einem sich verändernden Muster pigmentierter und unpigmentierter Federn führt.

☐ **D:** Eine Kopienzahlvariation auf dem Z-Chromosom am sogenannten Stipper-Lokus vervielfacht unter anderem das Melanosomen-Reifungsgen Mlana, was die Pigmentierung dosisabhängig stört und bei reinerbigen Täubern zusätzlich Augendefekte verursacht.

90.) Warum stellt Taubenkot ein ernsthaftes Problem für die Erhaltung historischer Bausubstanz dar?

☐ **A:** Der Kot enthält hohe Konzentrationen von Kaliumnitrat, das bei Kontakt mit feuchtem Kalkstein eine fortschreitende Salzsprengung auslöst, bei der sich unter der Oberfläche Kristalle bilden und den Stein von innen zersetzen.

☐ **B:** Im Taubenkot lebende Bakterien produzieren Schwefelsäure als Stoffwechselprodukt, die den Kalzitanteil in Sandstein und Marmor angreift und an der Oberfläche eine charakteristische schwarze Kruste erzeugt.

☐ **C:** Die mechanische Last großer Kotansammlungen auf Dachkonstruktionen und Simsen führt zu einer Überlastung historischer Tragwerke, wobei das hygroskopische Material zusätzlich Feuchtigkeit anzieht und Frostschäden begünstigt.

☐ **D:** Der hohe Gehalt an Harnsäure im Taubenkot bildet bei Feuchtigkeit ein saures Milieu, das Kalkstein, Sandstein und Metalloberflächen chemisch angreift und über Jahre hinweg zu sichtbarer Korrosion und Substanzverlust an Fassaden führt.

91.) Welche Bedeutung hatte die Brieftaubenpost im Mamlukenreich des 13. und 14. Jahrhunderts?

☐ **A:** Die Mamluken setzten Brieftauben vorwiegend zur Übermittlung diplomatischer Grüße an europäische Herrscher ein, wobei jede Taube ein mit Gold verziertes Kapselchen trug, das den Rang des Absenders kennzeichnete.

☐ **B:** Im Mamlukenreich diente die Taubenpost zur Unterhaltung der Sultane, die Wettfliegen zwischen ihren Palästen veranstalteten und die schnellsten Tiere als Statussymbole an befreundete Herrscher verschenkten.

☐ **C:** Die Mamluken unterhielten ein systematisches Netzwerk von Taubenstationen zwischen Kairo und Damaskus, das militärische Nachrichten innerhalb weniger Stunden übermitteln konnte und als strategisches Frühwarnsystem gegen Kreuzfahrer und Mongolen diente.

☐ **D:** Taubenpost wurde im Mamlukenreich als Handelsinfrastruktur genutzt, wobei Kaufleute über Brieftauben Preise und Warenbestände zwischen den Häfen Alexandrias und den Märkten von Aleppo austauschten.

92.) Was versteht man unter dem modernen Wettbewerbsformat "One-Loft-Racing" im Brieftaubensport?

☐ **A:** Beim One-Loft-Racing zieht jeder Züchter seine Tauben im eigenen Schlag auf, entsendet sie jedoch zu einem einzigen Wettflug über eine festgelegte Strecke, wobei alle Tiere gleichzeitig starten und zum jeweiligen Heimatschlag zurückkehren.

☐ **B:** In diesem Format werden Brieftauben ausgewählter Züchter an einem neutralen Ort zusammengeführt und in einem gemeinsamen Flug über eine kurze Distanz von weniger als 50 Kilometern gegeneinander antreten gelassen.

☐ **C:** Das One-Loft-Racing bezeichnet den Wettkampf zwischen verschiedenen Schlägen einer Region, bei dem die Gesamtleistung aller Tiere eines Schlags über eine Saison hinweg bewertet und der erfolgreichste Schlag prämiert wird.

☐ **D:** Züchter aus aller Welt schicken Jungtauben an einen zentralen Schlag, wo alle Tiere unter identischen Bedingungen aufgezogen und trainiert werden, bevor sie in gemeinsamen Rennen starten und zum selben Schlag zurückkehren.

93.) Was versteht man unter der sogenannten "Witwermethode" in der Brieftaubenzucht?

☐ **A:** Der verpaarte Täuber wird vor dem Rennen von seiner Täubin getrennt und sieht sie erst nach der Rückkehr wieder, wobei das Verlangen nach der Partnerin als Motivationsanreiz für einen schnelleren Heimflug dient.

☐ **B:** Verwitwete Täuber, deren Partnerinnen verstorben sind, zeigen eine gesteigerte Heimkehrmotivation, weil sie den vertrauten Schlag als letzte soziale Bindung empfinden und schneller dorthin zurückkehren wollen.

☐ **C:** Bei der Witwermethode werden mehrere Täuber gemeinsam in einem Abteil gehalten und durch kontrollierte Futterverknappung zu einer schnelleren Rückkehr motiviert, wobei der Erstankömmling Zugang zum Futter erhält.

☐ **D:** Die Methode beschreibt eine Zuchtpraxis, bei der ein Täuber nacheinander mit verschiedenen Täubinnen verpaart wird, um möglichst viele Nachkommen mit seinen Flugeigenschaften zu erzeugen und die Genetik breit zu streuen.

94.) Was konnte in Studien zur Lateralisation des Taubengehirns über die Aufgabenteilung der Hirnhälften gezeigt werden?

☐ **A:** Beide Hirnhälften der Taube verarbeiten visuelle Reize symmetrisch und in gleicher Geschwindigkeit, da die vollständige Kreuzung der Sehnerven eine gleichmäßige Informationsverteilung auf beide Hemisphären sicherstellt.

☐ **B:** Die linke Hirnhälfte ist stärker auf die Kategorisierung und Detailerkennung visueller Reize spezialisiert, während die rechte Hemisphäre räumliche Zusammenhänge und neuartige Reize bevorzugt verarbeitet, was durch einseitige Lichtexposition im Ei beeinflusst wird.

☐ **C:** Die rechte Hirnhälfte steuert bei Tauben vorrangig die Flugmotorik und die Gleichgewichtskontrolle, während die linke Hemisphäre für die Verarbeitung akustischer Signale wie Gurrlaute und Infraschallreize zuständig ist.

☐ **D:** Im Taubengehirn übernimmt die linke Hemisphäre die gesamte visuelle Verarbeitung, weil bei Vögeln die Sehnerven vollständig kreuzen und die rechte Hirnhälfte daher keinerlei visuelle Informationen des rechten Auges erhält.

95.) Welchen Einfluss können solare geomagnetische Stürme auf das Orientierungsverhalten von Brieftauben haben?

☐ **A:** Geomagnetische Stürme verstärken die Intensität des Erdmagnetfelds so stark, dass die Magnetitrezeptoren im Oberschnabel der Tauben dauerhaft gesättigt werden und erst nach Abklingen des Sturms wieder funktionieren.

☐ **B:** Die Stürme erzeugen kurzfristige Gravitationsanomalien, die das Gleichgewichtsorgan der Tauben irritieren und während des Flugs zu Schwindel und Orientierungsverlust führen, bis die Störung nachlässt.

☐ **C:** Solare Eruptionen senden ultraviolette Strahlung aus, die die Cryptochrome in der Netzhaut vorübergehend bleicht und den lichtabhängigen Magnetkompass der Taube für mehrere Stunden funktionsunfähig macht.

☐ **D:** Starke Sonnenstürme verzerren das Erdmagnetfeld derart, dass die magnetische Kompassinformation der Tauben unzuverlässig wird, was zu erhöhten Verlusten bei Wettflügen und fehlerhaften Abflugrichtungen führen kann.

96.) Wie hat sich die Zeitmessung im Brieftaubensport von den Anfängen bis zur Gegenwart technisch weiterentwickelt?

☐ **A:** Die Ankunftszeit wurde ursprünglich durch einen Richter bestimmt, der am Schlag die Landung beobachtete und per Handzeichen signalisierte, bevor mechanische Stoppuhren diese Aufgabe übernahmen und die Genauigkeit verbesserten.

☐ **B:** Brieftauben trugen an einem Fußring befestigte Miniatur-Barometer, deren Druckverlauf die Flughöhe und Geschwindigkeit dokumentierte und dem Züchter nach der Landung eine vollständige Fluganalyse ermöglichte.

☐ **C:** Zunächst wurden Gummiringe von der Taube abgestreift und in eine plombierte Konstatieruhr eingelegt, die den Zeitpunkt festhielt, während heute elektronische Transponder am Fußring die Ankunft beim Überqueren einer Antenne am Schlag sekundengenau registrieren.

☐ **D:** Die Zeitmessung erfolgte von Beginn an durch Telegrafen, die am Schlag installiert waren und bei Ankunft der Taube automatisch ein Signal an die Rennleitung sendeten, was durch digitale Funktechnik ersetzt wurde.

97.) Welche 3 Grundfarben bilden das genetische Fundament sämtlicher Gefiederfarben bei der Haustaube?

☐ **A:** Die 3 Grundfarben sind Blauschwarz (Wildtyp), Braun und Aschrot, wobei sie am selben Genort auf dem Z-Chromosom als Allele codiert sind und Aschrot dominant über Blauschwarz vererbt wird, das wiederum über Braun dominiert.

☐ **B:** Als Grundfarben gelten Schwarz, Weiß und Rot, die auf 3 verschiedenen Autosomen codiert sind und deren Kombination durch additive Farbmischung die gesamte Bandbreite der bei Haustauben bekannten Färbungen erzeugt.

☐ **C:** Tauben besitzen die Grundfarben Blau, Gelb und Rot, die in Verbindung mit einem Aufhellungsfaktor auf dem W-Chromosom alle bekannten Farbvarianten hervorbringen und unabhängig vom Geschlecht vererbt werden.

☐ **D:** Die genetischen Grundfarben sind Silber, Braun und Aschgelb, wobei jede durch ein eigenes Pigmentgen auf einem Autosom bestimmt wird und die Interaktion dieser 3 Gene die phänotypische Vielfalt der Rassen erklärt.

98.) In welcher Preisspanne bewegt sich der Marktwert einer jungen, noch untrainierten Brieftaube aus einer soliden Zuchtlinie im europaeischen Brieftaubensport ueblicherweise?

☐ **A**: Junge Brieftauben sind in der Regel fuer 1 bis 5 Euro erhaeltlich, da sie vor dem ersten Wettflug keinerlei nachgewiesene Leistung vorweisen koennen und ihr sportliches Potenzial rein spekulativ bleibt.

☐ **B**: Der uebliche Preis liegt zwischen 50 und 250 Euro, wobei die Abstammung von leistungsgeprueften Elterntieren, der Ruf des Zuechters und die Erfolge der Geschwistertiere die wichtigsten preisbestimmenden Faktoren darstellen.

☐ **C:** Jungtauben werden in Europa standardmaessig fuer 1000 bis 3000 Euro gehandelt, weil bereits vor dem ersten Flug genetische Analysen den kuenftigen Wettbewerbserfolg zuverlaessig vorhersagen koennen.

☐ **D:** Da junge Brieftauben in der EU einem staatlich regulierten Zuchtregister unterliegen, wird ihr Mindestpreis durch den jeweiligen nationalen Taubensportverband auf einheitlich 500 Euro festgelegt.

99.) Wie unterscheiden sich die Wettbewerbskategorien "Vitesse" und "Fond" im traditionellen belgischen Brieftaubensport?

☐ **A:** Vitesse bezeichnet den Wettflug junger, noch unerfahrener Tauben über kurze Strecken bis 100 Kilometer, während Fond Rennen für erfahrene Alttauben über mittlere Distanzen bis 300 Kilometer beschreibt.

☐ **B:** Bei der Vitesse starten alle Tauben eines Verbandes gleichzeitig von einem einzigen Auflassort, wohingegen beim Fond die Tiere in zeitversetzten Gruppen von mehreren verschiedenen Standorten aufgelassen werden.

☐ **C:** Vitesse umfasst Kurzstreckenrennen bis etwa 300 Kilometer, bei denen Geschwindigkeit entscheidend ist, während Fond Langstreckenflüge über 500 Kilometer und mehr bezeichnet, die Ausdauer und Navigationsvermögen über Stunden erfordern.

☐ **D:** Im belgischen System meint Vitesse den Sprint auf einer normierten Strecke von exakt 200 Kilometern, während Fond eine vom Züchter frei wählbare Distanz beschreibt, die individuell an den Trainingszustand angepasst wird.

100.) Welche Erkenntnisse lieferte die Veröffentlichung des ersten Referenzgenoms der Felsentaube durch Shapiro und Kollegen im Jahr 2013 zur Domestikationsgeschichte?

☐ **A:** Die Genomdaten zeigten, dass alle heutigen Haustaubenrassen aus mindestens 3 unabhängigen Domestikationsereignissen in Ostasien, Nordafrika und Europa hervorgegangen sind und somit keine einheitliche Abstammungslinie bilden.

☐ **B:** Die Sequenzierung belegte, dass die Haustaube genetisch näher mit der Hohltaube als mit der Felsentaube verwandt ist und die bisherige Annahme einer Abstammung von Columba livia einer Revision bedarf.

☐ **C:** Im Genom konnte ein einzelnes "Domestikationsgen" identifiziert werden, das für die Zahmheit der Haustaube verantwortlich ist und in der gleichen Form auch bei anderen domestizierten Vogelarten wie dem Haushuhn vorkommt.

☐ **D:** Die Genomanalyse lieferte Belege dafür, dass die Hauptrassegruppen ihren Ursprung im Nahen Osten haben und nordamerikanische Stadttaubenpopulationen einen erheblichen genetischen Beitrag aus entwichenen Reisetauben aufweisen.

Lösungen

Lösung 1: B - Tauben gehören zu den wenigen Vogelarten, die Wasser durch einen Saugmechanismus aufnehmen können, wobei sie den Schnabel eingetaucht lassen und den Kopf dabei gesenkt halten. Die meisten anderen Vögel müssen dagegen den Schnabel ins Wasser tauchen, eine Portion aufnehmen und dann den Kopf nach hinten kippen, damit die Flüssigkeit durch Schwerkraft in den Schlund läuft. Dieses Saugvermögen hängt mit der besonderen Anatomie von Schnabel und Speiseröhre bei Tauben und verwandten Arten der Ordnung Columbiformes zusammen. Der Biologe G.A. Zweers beschrieb den Mechanismus als sogenannte doppelte Saugpumpenbewegung, bei der die Zunge wie ein Kolben arbeitet.

Lösung 2: C - Kropfmilch ist eine holokrine Sekretion, das bedeutet, dass ganze Zellen zugrunde gehen und deren Inhalt die Nährstoffgrundlage bildet. Das Hormon Prolaktin aus der Hirnanhangdrüse regt die Epithelzellen der Kropfschleimhaut zu massiver Vermehrung an. Diese nährstoffbeladenen Zellen lösen sich dann ab und bilden eine weißlich-gelbliche, quarkähnliche Masse. Dieser Vorgang findet bei beiden Elternteilen statt, was unter Vögeln selten ist. Anders als in Antwort A behauptet, enthält Kropfmilch nahezu keine Kohlenhydrate. Die Steuerung durch Prolaktin stellt eine konvergente Evolution zur Laktation bei Säugetieren dar.

Lösung 3: C - Darwin widmete den Haustauben umfangreiche Kapitel sowohl in "Über die Entstehung der Arten" als auch in "Das Variieren der Tiere und Pflanzen im Zustand der Domestikation" von 1868. Er argumentierte überzeugend, dass sämtliche Haustaubenrassen, trotz ihrer enormen äußeren Vielfalt, von einer einzigen Wildart abstammen: der Felsentaube Columba livia. Damit demonstrierte er, wie gerichtete Selektion durch den Menschen in relativ kurzer Zeit dramatische Veränderungen hervorbringen kann, was ihm als Analogie für die natürliche Selektion in der Natur diente.

Lösung 4: C - Eine Forschergruppe um David Keays am Institut für Molekulare Pathologie in Wien veröffentlichte Ergebnisse, die einen Mechanismus elektromagnetischer Induktion in den Bogengängen des Innenohrs nahelegen. Dabei erzeugt die Bewegung der leitfähigen Endolymphe im Erdmagnetfeld winzige elektrische Ströme, die von spezialisierten Haarzellen registriert werden könnten. Diese Signale werden über die vestibulären Kerne im Hirnstamm an den Hippocampus weitergeleitet. Antwort A beschreibt einen älteren Erklärungsansatz mit Magnetitkristallen im Schnabel, der mittlerweile relativiert wurde. Antwort B bezieht sich auf den Cryptochrom-Mechanismus, der bei Zugvögeln als lichtabhängiger Kompass diskutiert wird.

Lösung 5: B - In ihrem wegweisenden Experiment trainierten die japanischen Forscher Tauben per operanter Konditionierung, Gemälde von Pablo Picasso von solchen Claude Monets zu unterscheiden. Die Tauben erhielten bei Picasso-Bildern eine Futterbelohnung, bei Monet-Bildern dagegen nicht. Entscheidend war, dass die Tiere anschließend auch ihnen unbekannte Werke beider Maler korrekt zuordneten und sogar zwischen kubistischen und impressionistischen Gemälden anderer Künstler differenzieren konnten. Wurden allerdings die Monet-Bilder auf den Kopf gestellt, versagte die Unterscheidungsfähigkeit, was auf eine Analyse globaler Bildstrukturen hindeutet.

Lösung 6: A - Kennfarbigkeit bezeichnet in der Rassetaubenzucht ein Phänomen, bei dem Täuber und Täubin derselben Rasse unterschiedliche Gefiederfarben tragen. Dadurch lässt sich das Geschlecht bereits am äußeren Erscheinungsbild ablesen, was bei Tauben sonst schwierig ist. Im deutschsprachigen Rassestandard gelten unter anderem die Texaner, die Thüringer Einfarbigen und die Basraer Wammentauben als kennfarbig. Die Texaner sind die einzige dieser Rassen, bei der die Kennfarbigkeit in sämtlichen Farbenschlägen durchgehend vorhanden ist.

Lösung 7: D - Der Fachbegriff Pariaform stammt aus der Zoologie und beschreibt Tiere, die aus dem Zustand der Domestikation verwildert sind, aber sich in ihrem Erscheinungsbild und Verhalten weder vollständig zur Wildform zurückentwickelt haben noch weiterhin unter menschlicher Obhut stehen. Die Stadttaube ist ein Paradebeispiel: Sie stammt von domestizierten Haus- und Brieftauben ab, lebt freilebend in Städten und zeigt eine große Variabilität im Gefieder, die ihre züchterische Herkunft verrät. Antwort A beschreibt eher den Begriff der Kulturfolger, Antwort C eine evolutionsbiologische Artabspaltung.

Lösung 8: C - Cher Ami war eine Brieftaube des US Army Signal Corps, die im Oktober 1918 während der Meuse-Argonne-Offensive eingesetzt wurde. Das sogenannte "Lost Battalion" der 77. US-Infanteriedivision unter Major Charles Whittlesey war von deutschen Truppen eingeschlossen und geriet zusätzlich unter eigenen Artilleriebeschuss. Cher Ami überbrachte trotz schwerer Verwundung an Brust und Bein die entscheidende Nachricht mit den Positionskoordinaten. Dafür erhielt die Taube die französische Kriegsauszeichnung Croix de Guerre. Die Taube verendete im Juni 1919 und ist heute im Smithsonian-Institut ausgestellt.

Lösung 9: A - Vögel, darunter Tauben, sind in der Regel tetrachromatisch, das heißt, sie besitzen 4 Zapfentypen in der Netzhaut. Einer davon ist für ultraviolettes Licht empfindlich. Im Gegensatz dazu verfügen die meisten Säugetiere über lediglich 2 Zapfentypen (dichromatisch), Primaten einschließlich des Menschen über 3 Typen (trichromatisch). Die UV-Wahrnehmung ermöglicht Tauben unter anderem die Erkennung von Gefiedermustern, die für das menschliche Auge unsichtbar sind. Antwort C ist insofern irreführend, als Tauben zwar tatsächlich verschiedene Netzhautbereiche besitzen, diese aber anders organisiert sind als beschrieben.

Lösung 10: C - Das Kopfnicken beim Gehen besteht aus 2 Phasen: einer Fixierungsphase, in der der Kopf im Raum stillsteht, und einer

Vorschubphase, in der der Kopf ruckartig nach vorn bewegt wird. Während der Fixierungsphase rückt der Körper weiter, aber der Kopf bleibt stationär. Das stabilisiert das Netzhautbild und ermöglicht der Taube, in jeder Schrittphase ein scharfes, verwacklungsfreies Bild ihrer Umgebung zu verarbeiten. Dieses Prinzip ähnelt der Bildstabilisierung in einer Kamera. Experimente auf Laufbändern zeigten, dass Tauben bei gleichbleibender Umgebung aufhören zu nicken, weil die optische Stabilisierung dann überflüssig wird.

Lösung 11: C - Der Spread-Faktor, in der Genetik mit dem Symbol S gekennzeichnet, bewirkt eine flächendeckende Ausbreitung der Grundfarbe über das gesamte Gefieder. Dadurch werden sämtliche Zeichnungsanlagen wie Binden, Hämmermuster oder Schuppenzeichnung überdeckt. Eine blaue Taube mit Spread-Faktor erscheint beispielsweise einfarbig schwarz, eine rotfahle erscheint dominant rot. Der Erbgang ist dominant und geschlechtsungebunden. Wichtig ist, dass die verdeckten Zeichnungsanlagen genetisch weiterhin vorhanden sind und bei Kreuzungen mit spreadfreien Tieren wieder sichtbar werden können.

Lösung 12: D - In einer bemerkenswerten Studie demonstrierten Levenson und Kollegen, dass Felsentauben (Columba livia) nach einem Training histologische Gewebeschnitte der menschlichen Brust beurteilen und zwischen gutartigen sowie bösartigen Veränderungen unterscheiden konnten. Die Tauben übertrugen diese erlernte Fähigkeit sogar auf ihnen zuvor unbekannte Bilder. Die Forscher erklärten dies mit dem hochentwickelten visuellen System der Tauben und ihrer nachgewiesenen Fähigkeit, komplexe visuelle Kategorien zu erlernen. Die Studie schlug Tauben als vielversprechende Surrogatbeobachter für medizinische Bilder vor.

Lösung 13: A - Der Prolaktinrezeptor der Taube gehört zur Zytokin-Rezeptor-Superfamilie, weist aber eine einzigartige strukturelle Besonderheit auf: Er enthält eine vollständige Verdoppelung seiner extrazellulären Ligandenbindungsdomäne. Diese Duplikation wurde bei der Klonierung und Expression des Rezeptors entdeckt und unterscheidet ihn von den Prolaktinrezeptoren anderer Wirbeltiere. Die nachgeschaltete Signaltransduktion über den sogenannten JAK/STAT-Signalweg ist hingegen ein konservierter Mechanismus, den Tauben mit Säugetieren teilen. Die konvergente Evolution der Milchproduktion bei Tauben und Säugetieren basiert also auf teils gemeinsamen, teils abweichenden molekularen Grundlagen.

Lösung 14: B - Watanabe und Toda von der Keio-Universität in Tokio zeigten, dass Tauben ein Echtzeit-Videobild ihrer selbst von einer zeitverzögerten Aufnahme unterscheiden konnten. Diese Fähigkeit blieb selbst bei Verzögerungen von 5 bis 7 Sekunden erhalten, was bemerkenswert ist, da Kinder unter 3 Jahren bereits bei einer Verzögerung von 2 Sekunden Schwierigkeiten mit der Selbsterkennung haben. Der entscheidende Punkt ist, dass die Tauben ihre eigenen Bewegungen als Referenz nutzten, also die zeitliche Übereinstimmung zwischen eigenem Verhalten und dem Videobild auswerteten. Dies gilt als Hinweis auf eine Form von Selbstwahrnehmung, auch wenn Tauben den klassischen Spiegeltest nach Gallup in der Regel nicht bestehen.

Lösung 15: C - Das Konzept betreuter Taubenschläge, in Deutschland unter anderem als Teil des sogenannten "Augsburger Modells" bekannt, bietet Stadttauben geschützte Brutplätze und artgerechte Nahrung an einem festen Standort. Die entscheidende Maßnahme besteht darin, dass die gelegten Eier regelmäßig gegen Gips- oder Kunststoffattrappen ausgetauscht werden. Die Tauben bebrüten die Attrappen weiterhin, was den Brutrhythmus aufrechterhält und gleichzeitig den Nachwuchs reduziert. So wird die Population kontrolliert, während der Gesundheitszustand der vorhandenen Tiere durch die bessere Ernährung steigt. Das Modell gilt als tierschutzgerechte Alternative zu Vertreibungs- oder Tötungsmaßnahmen.

Lösung 16: D - Forschungen im Rahmen moderner Taubengenetik, insbesondere durch die Arbeitsgruppe um Michael Shapiro, zeigten, dass befiederte Füße (sogenannte Latschen oder Muffs) bei Tauben auf Fehlregulationen zweier Gene zurückgehen: Pitx1, das normalerweise die Beinidentität bestimmt, wird herunterreguliert, während Tbx5, ein typisches Flügelgen, an den Hintergliedmaßen fehlerhaft aktiviert wird. Dadurch wird die Identität der Beine teilweise in Richtung Flügel verschoben, was zur Bildung von Federn anstelle der sonst üblichen Schuppen führt. Bereits Darwin hatte die anatomische Ähnlichkeit befiederter Taubenfüße mit Flügelstrukturen bemerkt.

Lösung 17: B - Ein zentraler Unterschied zwischen Tauben-Kropfmilch und Säugetiermilch liegt im Fehlen von Kohlenhydraten. Während Laktose ein Hauptbestandteil der Kuhmilch ist, enthält Kropfmilch praktisch keinen Zucker. Stattdessen ist sie außergewöhnlich reich an Proteinen und Fetten, deren Gehalte sogar über denen von Kuh- oder Muttermilch liegen. Zudem handelt es sich bei der Kropfmilch um eine holokrine Sekretion, bei der ganze nährstoffbeladene Epithelzellen abgestoßen werden. Antwort D beschreibt dagegen eine apokrine Sekretion, bei der die Zelle intakt bleibt, was auf Säugetiermilch zutrifft, aber gerade der Gegensatz zur Tauben-Kropfmilch ist.

Lösung 18: A - Die Trichomoniasis, verursacht durch den begeißelten Einzeller Trichomonas gallinae, zählt zu den verbreitetsten parasitären Erkrankungen bei Haus- und Stadttauben. Der Erreger befällt vor allem den Schnabel- und Rachenraum, die Speiseröhre und den Kropf, wo er charakteristische gelblich-käsige Beläge und Gewebenekrosen hervorruft. Umgangssprachlich wird die Krankheit auch als "gelber Knopf" bezeichnet. Besonders gefährlich ist sie für Jungtiere, die sich bei der Fütterung durch die Eltern infizieren. Die in Antwort B genannte Kokzidiose betrifft zwar ebenfalls viele Tauben, ist aber eine Darmerkrankung und wird durch Sporentierchen der Gattung Eimeria verursacht, die eine andere Parasitengruppe darstellen als Flagellaten.

Lösung 19: C - Der Verhaltenspsychologe Burrhus Frederic Skinner entwickelte während des Zweiten Weltkriegs das "Project Pigeon", später in "Project ORCON" umbenannt. Dabei wurden Tauben mittels operanter Konditionierung darauf trainiert, auf einem Bildschirm in der Spitze einer Gleitbombe ein Zielobjekt, etwa ein feindliches Schiff, zu erkennen und durch gezieltes Picken auf das Ziel eine mechanische Lenkvorrichtung zu betätigen. Die Tauben zeigten im Versuch eine erstaunliche Treffsicherheit. Obwohl das Projekt technisch funktionierte und Skinner es dem Militär wiederholt vorführte, wurde es nie im Kampfeinsatz eingesetzt, da die Entscheidungsträger Zweifel an der Zuverlässigkeit hatten.

Lösung 20: D - In den zeitgenössischen Militärakten des Signal Corps war Cher Ami als weibliche Taube verzeichnet, und diese Einordnung wurde über Jahrzehnte tradiert. Das Smithsonian-Institut bezeichnete die Taube hingegen als männlich. Um diese Frage ein für alle Mal zu klären, führte das Institut im Jahr 2021, zum hundertsten Jubiläum der Ausstellung des Präparats, eine DNA-Analyse durch. Die genetische Untersuchung bestätigte eindeutig, dass es sich bei Cher Ami um ein männliches Tier handelte. Die Geschichte des Täuberichs, der trotz schwerer Verletzungen eine Nachricht über rund 40 Kilometer in etwa 30 Minuten überbrachte, machte ihn zu einem der berühmtesten Militärtiere der Welt.

Lösung 21: D - Die Geruchskarten-Hypothese, aufgestellt von Floriano Papi in den 1970er Jahren, besagt, dass Tauben am Heimatschlag windgetragene Umgebungsgerüche mit der jeweiligen Windrichtung assoziieren. So entsteht eine mentale Geruchslandkarte, mit der sie nach einer Verfrachtung die Richtung der Verschiebung bestimmen können. Wallraff verfeinerte dieses Modell mit der Idee stabiler atmosphärischer Geruchsgradienten, die auch über größere Distanzen wirken.

Lösung 22: B - Lange wurden Dodo und Rodrigues-Solitär als eigene Familie Raphidae geführt. Molekulargenetische

Stammbaumrekonstruktionen, unter anderem auf Basis alter DNA, zeigten jedoch, dass beide Arten innerhalb der Columbidae einzuordnen sind und sich aus flugfähigen Vorfahren dieser Familie entwickelt haben. Die Flugunfähigkeit entstand sekundär auf den Maskarenen in Abwesenheit von Beutegreifern.

Lösung 23: D - Das Tauben-Paramyxovirus Typ 1 ist eine wirtsspezifische Variante des Newcastle-Disease-Virus, eines behüllten RNA-Virus der Paramyxoviridae. Bei Tauben verursacht es charakteristische neurologische Symptome, darunter Kopfdrehen, Zittern und Gleichgewichtsstörungen, sowie Durchfall und Abmagerung. Die Erkrankung kann insbesondere bei Jungtieren tödlich verlaufen und wird durch Schutzimpfung bekämpft.

Lösung 24: C - Die Wandertaube war für ihre unvorstellbar großen Schwärme bekannt, die nach historischen Berichten Milliarden Individuen umfassten und bei Zugbewegungen den Himmel tagelang verdunkelten. Die Art brütete in riesigen Kolonien in den Laubwäldern Nordamerikas. Im 19. Jahrhundert wurde sie durch kommerzielle Bejagung in industriellem Ausmaß ausgerottet; das letzte Individuum namens "Martha" starb 1914 im Zoo von Cincinnati.

Lösung 25: A - Zu Beginn eines Wettflugs greift die Brieftaube auf ihre Kohlenhydratreserven in Form von Glykogen zurück. Nach ungefähr einer Stunde stellt der Stoffwechsel auf die Oxidation von Fettsäuren um, die dann den Hauptbrennstoff für die ausdauernde Flugleistung liefern. Eine Taube verbraucht dabei etwa 3 Gramm Fett pro Flugstunde. Dieser Wechsel ist typisch für die Langstreckenphysiologie von Ausdauerfliegern.

Lösung 26: B – Das Genom der Felsentaube (Columba livia) wurde erstmals 2013 von Shapiro und Kollegen sequenziert. Die urspruengliche Assemblierung umfasste rund 1,1 Milliarden Basenpaare und ueber 17.000 proteincodierende Gene. Eine spaetere, nahezu lueckenlose Genomassemblierung ergab einen Umfang von etwa 1,3

Milliarden Basenpaaren und ueber 21.000 annotierten Genen, verteilt auf rund 40 Chromosomenpaare. Damit entspricht das Taubengenom der typischen Genomarchitektur der Voegel.

Lösung 27: D - Phylogenetische Studien, insbesondere die Arbeit von Shapiro und Kollegen mit DNA-Fragmenten des Dodos, identifizieren die Mähnentaube (Caloenas nicobarica) als den nächsten heute lebenden Verwandten. Die Mähnentaube ist ein vorwiegend bodenbewohnender Vertreter der Columbidae aus der Region Südostasien und des westlichen Pazifik, der zusammen mit dem Dodo und den Krontauben eine Klade innerhalb der Taubenvögel bildet.

Lösung 28: C - Bei Vögeln besitzen Männchen zwei Z-Chromosomen, Weibchen ein Z- und ein W-Chromosom. Die wichtigsten Farbloci der Haustaube, darunter die Grundfarben Blau, Braun und Aschrot, liegen auf dem Z-Chromosom. Der Täuber ist daher homozygot oder heterozygot für diese Farballele, die Täubin jedoch hemizygot, da sie das Z-Chromosom nur vom Vater erhält und kein zweites Allel auf dem W-Chromosom besitzt.

Lösung 29: A - Das Luftsacksystem der Vögel, das bei Tauben aus mehreren vorderen und hinteren Luftsäcken besteht, ermöglicht einen unidirektionalen, also gerichteten Luftstrom durch die starre Lunge. Dadurch wird das Parabronchialsystem, in dem der Gasaustausch stattfindet, sowohl bei der Einatmung als auch bei der Ausatmung mit sauerstoffreicher Luft versorgt. Dieses Durchflussprinzip ist dem Sackgassenprinzip der Säugetierlunge hinsichtlich der Sauerstoffausbeute überlegen.

Lösung 30: B - Die Balz des Felsentauben-Täubers umfasst wiederholte Verbeugungen mit aufgeblähtem Kropf, ein markantes Gurren sowie kreisende Bewegungen um die Täubin, begleitet von einem rhythmischen Fächern des Schwanzes. Zusätzlich zeigt der Täuber einen Schauflug, bei dem er steil aufsteigt und im Gleitflug mit erhobenen Flügeln herabgleitet. Das Überreichen von Nistmaterial und gegenseitiges Schnäbeln erfolgen erst in einer späteren Phase der Paarbindung.

Lösung 31: C - Die supraorbitale Drüse, die bei vielen Vogelarten als Salzdrüse fungiert, kann bei Tauben eine gegenüber dem Blutplasma hochkonzentrierte Natriumchloridlösung produzieren. Diese Fähigkeit entlastet die Nieren, die bei Vögeln im Vergleich zu Säugetieren eine begrenztere Konzentrationsfähigkeit besitzen. Bei Tauben, die mineralhaltiges Wasser oder salzreiche Nahrung aufnehmen, übernimmt diese Drüse einen wesentlichen Teil der Elektrolytregulation.

Lösung 32: D - Bei Felsentauben teilen sich beide Elternteile die Bebrütung der in der Regel 2 Eier in einem vorhersagbaren täglichen Rhythmus. Der Täuber übernimmt die Brutschicht typischerweise vom späten Vormittag bis zum frühen Nachmittag, während die Täubin den restlichen Tag und die gesamte Nacht auf dem Gelege sitzt. Beide Geschlechter entwickeln unter dem Einfluss von Prolaktin Brutflecken und sind an der anschließenden Fütterung der Jungen mit Kropfmilch beteiligt.

Lösung 33: B - Tauben besitzen die Fähigkeit, Infraschall im Bereich unter 10 Hertz wahrzunehmen, wobei diese Wahrnehmung über die Cochlea, also die Hörschnecke des Innenohrs, vermittelt wird. Der Forscher Hagstrum schlug vor, dass Infraschallwellen von Küsten und Gebirgen als regionale Navigationssignale dienen könnten. Allerdings konnten Experimente, bei denen die Cochlea entfernt wurde, die Heimfindeleistung der Tauben nicht wesentlich beeinträchtigen, weshalb diese Hypothese umstritten bleibt.

Lösung 34: A - Die Fächertaube (Goura victoria) aus den Tieflandregenwäldern Neuguineas ist mit einer Körperlänge von bis zu 75 Zentimetern und einem Gewicht von bis zu 3,5 Kilogramm die größte heute lebende Taubenart. Zusammen mit den beiden anderen Arten der Gattung Goura gehört sie zu den Krontauben, die sich durch einen auffälligen, fächerförmigen Federkamm auf dem Kopf auszeichnen und in ihrer Erscheinung eher an kleine Truthühner erinnern.

Lösung 35: C - Der Kropf der Taube gliedert sich in 2 symmetrische, seitlich ausgebuchtete Kammern, was ihn von dem einfachen, sackförmigen Kropf vieler anderer Vogelarten unterscheidet. Diese Zweiteilung spielt eine wesentliche Rolle bei der Bildung der Kropfmilch: Unter dem Einfluss des Hormons Prolaktin vermehren sich die Epithelzellen der Kropfschleimhaut stark und lösen sich ab, um als protein- und fettreiche Nährsubstanz an die Nestlinge verfüttert zu werden.

Lösung 36: D - Puderdunen sind spezialisierte Daunenfedern, deren Spitzen kontinuierlich zu einem feinen, talkumartigen Puder zerfallen. Dieser Puder wird beim Putzen über das gesamte Gefieder verteilt und dient dort als wasserabweisendes und pflegendes Mittel, das die Struktur der Konturfedern geschmeidig hält. Bei Tauben sind die Puderdunen besonders stark entwickelt. Der feine Staub, den Tauben beim Flattern abgeben, stammt zum Großteil von diesen Federn.

Lösung 37: A - Der Hippocampus der Taube spielt eine entscheidende Rolle bei der Nutzung vertrauter visueller Landmarken im Heimatgebiet, nicht jedoch bei der Fernnavigation über unbekanntes Terrain. Experimente von Gagliardo und Kollegen zeigten, dass Tauben mit Hippocampus-Läsionen zwar mithilfe ihrer Geruchskarte die grobe Heimatrichtung bestimmen können, jedoch im vertrauten Umfeld die Fähigkeit verlieren, visuelle Orientierungspunkte zur präzisen Annäherung an den Schlag zu nutzen.

Lösung 38: B - Felsentauben gelten als monogame Vögel, die langfristige Paarbindungen eingehen. Beide Partner beteiligen sich gemeinsam an der Verteidigung des Brutplatzes, der Bebrütung der Eier und der Aufzucht der Jungen. Die Paarbindung wird durch Verhaltensweisen wie gegenseitiges Schnäbeln und gemeinsames Putzen aufrechterhalten. Obwohl gelegentlich Partnerwechsel beobachtet werden, halten viele Paare über mehrere Brutzyklen hinweg zusammen.

Lösung 39: D - Die Guineataube (Columba guinea), auch Guineataube genannt, ist eine afrikanische Taubenart, deren Verbreitungsgebiet sich teilweise mit dem der Felsentaube überlappt. Beide Arten können fruchtbare Hybriden erzeugen. Genomische Untersuchungen von Vickrey und Kollegen wiesen nach, dass ein Pigmentierungsmerkmal, das bei einigen Haustaubenpopulationen vorkommt, durch natürliche Einkreuzung, also Introgression, von Columba guinea in das Genom von Columba livia gelangt ist.

Lösung 40: C - Der große Brustmuskel (Musculus pectoralis major) der Brieftaube ist ein oxidativer Muskel mit einer außerordentlich hohen Dichte an Mitochondrien und einer reichen Kapillarversorgung. Diese Ausstattung ermöglicht eine effiziente aerobe Fettsäureoxidation als Hauptenergiequelle für den Dauerflug. Anders als bei Vögeln mit vorwiegend glykolytischen Fasern, die nur kurze Kraftspitzen leisten können, ist die Taubenmuskulatur auf langanhaltende Ausdauerleistung ausgelegt.

Lösung 41: A – Julius Neubronner aus Kronberg im Taunus ließ sich 1908 eine Miniaturkamera mit pneumatischem Selbstauslöser patentieren, die an einem Brustgeschirr befestigt automatisch Luftaufnahmen im Flug erstellte. Die Kamera wog nur rund 40 Gramm. Sein Vater hatte Tauben bereits zum Transport von Apothekenrezepten eingesetzt. Das preußische Kriegsministerium zeigte Interesse, doch die Methode konnte sich gegenüber der aufkommenden Flugzeugaufklärung im Ersten Weltkrieg letztlich nicht durchsetzen.

Lösung 42: B – Paul Julius Reuter gründete 1850 in Aachen ein Nachrichtenbüro und nutzte rund 200 Brieftauben, um Börsendaten zwischen Brüssel und Aachen zu befördern, weil die Telegrafenverbindung auf dieser Strecke noch fehlte. Die Tauben waren um Stunden schneller als die Postkutsche. Bereits 1851 wurde die Lücke durch eine Telegrafenlinie geschlossen, und Reuter verlegte sein Geschäft nach London, wo er die Nachrichtenagentur Reuters aufbaute.

Lösung 43: C – Gillespie und Kollegen zeigten 2012 in einem Experiment mit Hühnerküken, dass die Verfütterung von Tauben-Kropfmilch die Expression immunbezogener Gene im darmassoziierten Lymphgewebe (GALT) signifikant steigerte, darunter Signalwege der angeborenen Immunantwort und der B-Zell-Aktivierung. Zudem wurde die IgA-Expression im Darm erhöht und die Zusammensetzung der Darmbakterien verändert. Dies ist ein Beleg für eine funktionale Parallele zur immunmodulatorischen Wirkung der Säugetiermilch.

Lösung 44: A – Die belgische Renntaube "New Kim" wurde 2020 bei einer Versteigerung des Auktionshauses PIPA für umgerechnet rund 1,9 Millionen US-Dollar an einen chinesischen Bieter mit dem Pseudonym "Super Duper" verkauft. Damit übertraf sie den bisherigen Rekord des Täubers "Armando", der 2019 für rund 1,4 Millionen US-Dollar den Besitzer gewechselt hatte. Der hohe Preis erklärt sich durch die wachsende Popularität des Brieftaubensports in China.

Lösung 45: B – Der Pecten oculi ist ein fächerförmig gefaltetes, stark pigmentiertes und von zahlreichen Blutgefäßen durchzogenes Gewebe, das vom Austritt des Sehnervs in den Glaskörper hineinragt. Bei der Taube weist er 15 bis 17 Falten auf. Seine Hauptfunktion wird in der Nährstoff- und Sauerstoffversorgung der gefäßlosen Vogelnetzhaut gesehen. Daneben wird diskutiert, ob er als Blendschutz dient oder bei der Bewegungswahrnehmung eine Rolle spielt.

Lösung 46: A – Vögel besitzen keine Schweißdrüsen und können daher nicht wie Säugetiere transpirieren. Bei Hitzebelastung greifen Tauben auf das sogenannte Wärmehecheln zurück, bei dem die Atemfrequenz stark gesteigert wird, während das Atemzugvolumen gering bleibt. Durch die rasche Luftzirkulation über die feuchten

Schleimhäute der oberen Atemwege wird Verdunstungswärme effektiv abgegeben. Im Flug ist die Wärmeabgabe eines Taubenkörpers rund 20-mal höher als in Ruhe.

Lösung 47: A – Damian Scarf und sein Team an der University of Otago trainierten 2011 Tauben darauf, auf einem Bildschirm Bildgruppen mit 1, 2 oder 3 Objekten in aufsteigender Reihenfolge anzupicken. Anschließend konnten die Tiere diese ordinale Regel auf Mengen bis 9 übertragen, die sie zuvor nicht gesehen hatten. Die Leistung der Tauben entsprach derjenigen von Rhesusaffen in einer vergleichbaren Studie von 1998. Die Ergebnisse wurden im Fachjournal "Science" veröffentlicht.

Lösung 48: C – Die Irideszenz am Hals der Felsentaube beruht auf Dünnschichtinterferenz in der Keratinkortexschicht der Federhäkchen (Barbulae). Grüne und purpurne Häkchen unterscheiden sich in der Dicke dieser Schicht: Bei kleinem Betrachtungswinkel reflektieren grüne Häkchen grünes Licht, bei steilem Winkel purpurnes, und bei den purpurnen Häkchen verhält es sich umgekehrt. Es handelt sich um Strukturfarben, nicht um Pigmentfarben, und der Effekt ähnelt dem einer Seifenblase.

Lösung 49: A – Die Nickhaut, auch drittes Augenlid genannt, ist eine durchsichtige bis halbdurchsichtige Membran, die sich von der nasenseitigen Ecke des Auges horizontal oder diagonal über die Hornhaut zieht. Sie reinigt, befeuchtet und schützt die Hornhautoberfläche vor mechanischen Einflüssen wie Staub und Insekten, insbesondere während des Flugs. Bei Vögeln bewegt sie sich rasch und wird durch einen speziellen Muskel betätigt, der am inneren Augenwinkel ansetzt.

Lösung 50: B – Während der preußischen Belagerung von Paris 1870/71 wurden Brieftauben per Ballon aus der eingeschlossenen Stadt ausgeflogen und kehrten anschließend mit Nachrichten auf Mikrofilmen zurück. Der Fotograf René Dagron verfilmte die

Depeschen auf stark verkleinerte Kollodiumfilmstreifen, die den Tauben in Federkielen am Schwanz befestigt wurden. In Paris wurden diese Mikrofilme mit Projektionsgeräten vergrößert und abgeschrieben, was als eines der frühesten Beispiele systematischer Mikrofotografie im Nachrichtenwesen gilt.

Lösung 51: C – Die Taubenzüchterlunge ist eine Form der exogen-allergischen Alveolitis, einer immunvermittelten Entzündung der Lungenbläschen. Sie wird durch wiederholtes Einatmen feiner Proteinpartikel aus Taubenkot, Federstaub und Kropfmilchresten ausgelöst. Als bedeutsames Antigen wurde Tauben-IgA identifiziert, das im Staub von Taubenschlägen nachweisbar ist und bei sensibilisierten Personen eine Typ-III-Immunreaktion mit Antikörperbildung gegen das Vogelprotein hervorruft.

Lösung 52: D – Wie bei den meisten flugfähigen Vögeln sind zahlreiche Knochen der Taube pneumatisiert, also von luftgefüllten Hohlräumen durchzogen, die über Öffnungen mit dem Luftsacksystem in Verbindung stehen. Betroffen sind unter anderem der Oberarmknochen, das Brustbein und Teile der Wirbelsäule. Die Pneumatisierung reduziert das Skelettgewicht erheblich, ohne die mechanische Belastbarkeit wesentlich einzuschränken, und stellt eine zentrale Anpassung an die Anforderungen des Flugs dar.

Lösung 53: D – Die Wachshaut (Cere) ist eine weiche, wulstige Hautpartie an der Schnabelbasis, in der sich die Nasenöffnungen (Nares) der Taube befinden. Sie schützt die Atemwege vor dem Eindringen von Fremdkörpern und Wasser. Bei Haustaubenrassen, insbesondere bei Warzentauben und Trommeltauben, wurde die Wachshaut züchterisch stark vergrößert und zu auffälligen Hautstrukturen umgestaltet, die als Rassemerkmale gelten.

Lösung 54: D – Archäologische Knochenfunde aus dem Nahen Osten, insbesondere aus dem Gebiet des Fruchtbaren Halbmonds, deuten darauf hin, dass die Felsentaube vor etwa 5000 bis 10.000 Jahren im Zusammenhang mit der Sesshaftwerdung des Menschen als Haustier gehalten wurde. Damit gehört sie neben Hund, Schaf und Ziege zu den am frühesten domestizierten Tierarten. Die natürliche Felsbrüterökologie der Wildform erleichterte die Gewöhnung an menschliche Bauwerke.

Lösung 55: D – Scarf, Boy, Uber Reinert und Kollegen zeigten 2016, dass Tauben zwischen 26 und 58 echte englische Wörter von 7832 bedeutungslosen Buchstabenkombinationen unterscheiden konnten. Die Tiere übertrugen diese Unterscheidungsfähigkeit auch auf ihnen zuvor unbekannte Wörter, was darauf hindeutet, dass sie orthografische Regelmäßigkeiten abstrahierten. Die Studie wurde in den "Proceedings of the National Academy of Sciences" veröffentlicht und warf die Frage auf, ob Grundlagen der Wortverarbeitung auch in Gehirnen fern der Primatenordnung angelegt sein können.

Lösung 56: C – Stadttauben eignen sich als Bioindikatoren für Schwermetallbelastungen in urbanen Räumen, weil sie standorttreu leben, sich am Boden ernähren und in nahezu jeder Stadt in großer Zahl vorkommen. Federn und Gewebe der Tiere akkumulieren Schwermetalle wie Blei, Cadmium und Zink aus ihrer unmittelbaren Umgebung. Durch die geringe Mobilität der Stadttaube lassen sich Belastungsprofile einzelner Stadtteile ableiten, was sie für Umweltstudien besonders wertvoll macht.

Lösung 57: A – Brieftauben erreichen im Reiseflug typischerweise Geschwindigkeiten von etwa 60 bis 90 Kilometern pro Stunde, bei Rückenwind auch mehr. Der Abwärtsschlag der Flügel erzeugt den Vortrieb und Auftrieb, während beim Aufwärtsschlag die Handschwingen gespreizt werden, um den Luftwiderstand zu verringern. Die Schlagfrequenz der Flügel liegt bei rund 5 bis 8 Schlägen pro Sekunde. Die Fluggeschwindigkeit hängt stark von Wind, Wetter und Trainingszustand ab.

Lösung 58: B – In den frühen Hochkulturen Mesopotamiens und Ägyptens hatten Tauben eine vielfältige kulturelle Bedeutung. Sie galten als Symbol der Fruchtbarkeit und waren mit Göttinnen wie Ischtar und Astarte assoziiert, in deren Tempelbezirken sie gehalten wurden. Gleichzeitig nutzte man ihren stickstoffreichen Kot als wertvollen Dünger für die Landwirtschaft. Taubentürme zur Dungsammlung waren im gesamten Nahen Osten verbreitet und blieben über Jahrtausende in Gebrauch.

Lösung 59: C – Im Wettflug halten sich Brieftauben meist in Höhen zwischen etwa 100 und 500 Metern über Grund auf. Diese Flughöhe wird jedoch flexibel an die jeweiligen Bedingungen angepasst: Bei Gegenwind fliegen die Tiere tiefer, um die Windlast zu reduzieren, bei Rückenwind steigen sie höher. Über bergigem Gelände wird die Höhe dem Geländeprofil angepasst. Extreme Flughöhen von mehreren tausend Metern sind bei Brieftauben unter normalen Rennbedingungen untypisch.

Lösung 60: D – Das Grizzle-Gen bewirkt eine Durchmischung von pigmentierten und unpigmentierten Anteilen innerhalb der einzelnen Federn, sodass ein gestreiftes, gesprenkeltes oder gemischtes Erscheinungsbild entsteht. Charakteristisch ist die progressive Aufhellung: Mit jeder Mauser nimmt der Weißanteil im Gefieder zu, sodass ältere Grizzle-Tauben deutlich heller erscheinen als junge. Der Grizzle-Faktor interagiert mit der jeweiligen Grundfarbe und kann in seiner Ausprägung stark variieren.

Lösung 61: B - Skinner verabreichte 8 hungrigen Tauben Futter in festen Zeitintervallen, völlig unabhängig von deren Verhalten. 6 der 8 Tiere entwickelten daraufhin individuelle stereotype Verhaltensweisen wie Drehen, Kopfpendeln oder Trippeln, die sie mit der Futtergabe assoziierten. Skinner deutete dies als Analogie zu menschlichem Aberglauben, der ebenfalls durch zufällige zeitliche Koinzidenz von Handlung und Belohnung entstehen kann. Spätere Studien von Staddon, Simmelhag und Timberlake stellten die Interpretation allerdings in Frage und vermuteten eher arttypisches Nahrungssuchverhalten als Ursache.

Lösung 62: A - In seinen letzten Lebensjahrzehnten in New York entwickelte Tesla eine innige Beziehung zu Stadttauben. Er fütterte sie regelmäßig im Bryant Park und nahm verletzte Tiere in seine Hotelzimmer im New Yorker und im Hotel St. Regis auf, um sie zu pflegen. Besonders eine weiße Täubin beschrieb er als das Wesen, das er am meisten liebte. Diese Eigenart wurde von Zeitgenossen oft als Zeichen seiner zunehmenden Vereinsamung gedeutet, zeigt aber auch seine tiefe Naturverbundenheit.

Lösung 63: C - Seit den Pionierversuchen von Schmidt-Koenig werden Brieftauben einem um 6 Stunden verschobenen Licht-Dunkel-Rhythmus ausgesetzt, wodurch ihre innere Uhr eine Phasenverschiebung erfährt. Beim Auflassen weichen diese Tauben systematisch um etwa 90 Grad von der Heimatrichtung ab, weil sie den Sonnenstand mit der verschobenen Uhrzeit verrechnen. Dies belegt eindeutig die Nutzung eines zeitkompensierten Sonnenkompasses. Bei erfahrenen Alttauben fällt die Ablenkung geringer aus, weil sie zusätzlich den Magnetkompass heranziehen und einen Kompromiss zwischen beiden Richtungsinformationen bilden.

Lösung 64: D - Das von dem Genetiker W.F. Hollander als "ro" bezeichnete Gen ist rezessiv und löst bei homozygoten Tieren das charakteristische Rollverhalten aus. Atoosa Samani vom Shapiro Labor der University of Utah identifizierte mindestens 5 Genomregionen, die an der Ausprägung beteiligt sind, wobei fast 2000 Gene im Gehirn von Parlor Rollern veränderte Aktivität zeigten. Beim Parlor Roller ist die Störung so ausgeprägt, dass die Tiere nicht fliegen können und bei Flugversuchen auf dem Boden Rückwärtssaltos schlagen. Die Forschung zeigt, dass es sich um eine progressive Bewegungsstörung handelt, die auch als Modell für menschliche neurologische Erkrankungen wie Epilepsie dient.

Lösung 65: A - Die bis zu 18 Meter hohen zylindrischen Lehmtürme in der Umgebung von Isfahan stammen überwiegend aus der Safawiden-Ära zwischen dem 16. und 17. Jahrhundert. Jeder Turm bot mit seinem schachbrettartigen System aus Nistnischen Tausenden von Tauben Platz. Der gesammelte Kot war reich an Stickstoff, Phosphor und Kalium und diente als Dünger für die berühmten Isfahaner Melonenkulturen. Europäische Reisende wie Jean Chardin berichteten von rund 3000 solcher Türme. Architektonische Raffinessen wie glatte Gipsbänder an der Außenwand und enge Einfluglöcher schützten die Tauben vor Schlangen und Raubvögeln.

Lösung 66: B - Taubenkot enthält Kaliumnitrat (Salpeter), den mengenmäßig bedeutsamsten Bestandteil von Schwarzpulver. Im England des 16. Jahrhunderts war Taubenkot eine der wenigen zugänglichen Salpeterquellen, weshalb Taubenschläge bewacht und der Kot als kriegswichtiges Gut geschützt wurde. Der Kot wurde mit Wasser ausgelaugt, die Lösung mit Holzasche versetzt und eingedampft, bis Salpeterkristalle ausfielen. Diese Praxis blieb bis in die Neuzeit relevant und wurde erst durch die Haber-Bosch-Synthese zur industriellen Stickstoff-Fixierung Anfang des 20. Jahrhunderts überflüssig.

Lösung 67: D - Die australische Schopftaube besitzt eine ungewöhnlich schmale 8. Handschwinge, die bei jedem Flügelschlag ein pfeifendes Geräusch erzeugt. Robert Magrath und sein Team an der Australian National University wiesen nach, dass bei alarmiertem Abflug die höhere Flügelschlagfrequenz das Tempo des Pfeiftons steigert. Abspieltests zeigten, dass Artgenossen beim Hören des beschleunigten Signals sofort die Flucht ergriffen, während das normale Startsignal keine Reaktion auslöste. Etwa die Hälfte aller Tauben- und Turteltaubenarten besitzt ähnlich modifizierte Federn, was auf eine weite Verbreitung mechanischer Warnsignale in der Familie hindeutet.

Lösung 68: C - "Squab" bezeichnet in der kulinarischen Fachsprache das Fleisch junger Haustauben, die im Alter von etwa 4 Wochen geschlachtet werden, bevor sie ihren ersten Flug absolviert haben. Das Fleisch ist dunkel, zart und geschmacksintensiver als Hühnerfleisch. Bereits im antiken Ägypten und in Rom wurde Squab verzehrt. In der französischen Küche wird es häufig gebraten oder als Salmis zubereitet, in der chinesischen Küche frittiert und bei Festbanquetten serviert, und in Nordafrika findet es Verwendung in der marokkanischen Pastilla.

Lösung 69: A - Das typische Gelege der Felsentaube besteht aus 2 weißen, ungemusterten Eiern. Beide Elternteile bebrüten die Eier in festen Schichten über etwa 17 bis 18 Tage. Unter günstigen Bedingungen, wie sie in Städten ganzjährig herrschen, können Felsentauben bis zu 6 Bruten pro Jahr durchführen. Häufig beginnt die Täubin bereits mit der Eiablage des nächsten Geleges, während die Jungtiere des vorherigen Durchgangs noch im Nest gefüttert werden, was zu einer nahezu kontinuierlichen Fortpflanzung führt.

Lösung 70: B - Beim Start schlagen Tauben die Flügel oberhalb des Rückens zusammen und lösen sie dann rasch voneinander. Dieses als "Clap and Fling" bezeichnete Prinzip erzeugt beim Auseinanderfächern der Flügelflächen einen Unterdruck zwischen den Flächen, der sofortigen Auftrieb generiert. Der Mechanismus erlaubt einen besonders steilen Startwinkel und schnellen Höhengewinn, was bei der Flucht vor Fressfeinden überlebenswichtig ist. Das dabei entstehende klatschende Geräusch ist ein Nebenprodukt der aerodynamischen Mechanik, wird aber vom Täuber auch im Rahmen des Balzflugs eingesetzt.

Lösung 71: C - Wie alle Singvögel und höheren Vögel erzeugen Tauben ihre Laute mithilfe der Syrinx, einem stimmbildenden Organ an der Gabelungsstelle der Luftröhre in die beiden Hauptbronchien. Dort befindliche Membranen werden durch den Luftstrom in Schwingung versetzt und erzeugen die Grundtöne. Der aufgeblähte Kropf der Taube, der beim Gurren sichtbar anschwillt, fungiert als zusätzlicher Resonanzraum und verleiht dem Laut seine typische volle, tiefe Klangfarbe. Die Modulation erfolgt durch Muskulatur an der Syrinx und Variation des Luftdrucks.

Lösung 72: D - Neben Tauben produzieren auch Flamingos ein prolaktingesteuertes Sekret im oberen Verdauungstrakt, das als Kropfmilch bezeichnet wird und der Jungtierfütterung dient. Bei Flamingos enthält dieses Sekret den roten Blutfarbstoff Canthaxanthin, was ihm eine auffällig rote Färbung verleiht. Auch männliche Kaiserpinguine können ein Sekret aus der Speiseröhre absondern, um Küken in Notlagen kurzzeitig zu ernähren. Die hormonelle Steuerung über Prolaktin ist in allen diesen Fällen analog, obwohl die Zusammensetzung der Sekrete artspezifisch variiert.

Lösung 73: A - Die Felsentaube (Columba livia) ist in ihrem natürlichen Verbreitungsgebiet ein typischer Felsbewohner, der an steilen Klippen, in Felsspalten und Höhlen entlang von Küsten und Gebirgen brütet. Städtische Gebäude mit ihren Simsen, Gesimsen, Fensternischen, Dachvorsprüngen und Brückenkonstruktionen ahmen diese natürlichen Strukturen nach und bieten der Taube ideale Brutplätze. Diese strukturelle Analogie erklärt, warum sich verwilderte Haustauben so erfolgreich im urbanen Raum etabliert haben und dort oft in erstaunlich hohen Dichten vorkommen.

Lösung 74: B - Die marokkanische Pastilla, auch B'stilla geschrieben, ist ein traditionelles Festgericht mit Ursprung in der andalusisch-maurischen Küche des 15. Jahrhunderts. Knuspriger Blätterteig umhüllt eine Füllung aus langsam geschmortem Taubenfleisch, Mandeln, Eiern und einer charakteristischen Kombination aus Zimt und Puderzucker. Die Mischung aus herzhaften und süßen Aromen macht die Pastilla zu einem der bekanntesten Gerichte der nordafrikanischen Küche. Heute wird sie häufig auch mit Hühnerfleisch zubereitet, die klassische Variante mit Taubenfleisch gilt aber als die ursprüngliche und geschätztere.

Lösung 75: D - Das Herz der Taube ist im Verhältnis zur Körpermasse relativ groß und arbeitet mit einer Ruheschlagfrequenz von über 200 Schlägen pro Minute, die sich im Flug deutlich steigern kann. Anders als bei Säugetieren besitzen die Erythrozyten der Taube noch einen Zellkern, tragen aber ein leistungsfähiges Hämoglobin, das in den Parabronchien der Vogellunge effizient Sauerstoff aufnimmt. Die vollständige Trennung des Blutkreislaufs in eine Lungen- und eine Körperseite durch die 4-kammerige Herzstruktur gewährleistet, dass sauerstoffreiches und sauerstoffarmes Blut nicht vermischt werden.

Lösung 76: C - Das Training junger Brieftauben folgt einem stufenweisen Aufbau. Zunächst werden die Jungtiere an den Schlag gewöhnt und unternehmen freie Flüge in dessen unmittelbarer Umgebung, um sich die Lage und Umgebung einzuprägen. Anschließend werden sie in schrittweise steigender Entfernung von wenigen Kilometern bis zu mehreren Dutzend Kilometern aufgelassen, wobei die Distanz nur erhöht wird, wenn die Tiere zuverlässig und zügig zurückkehren. Dieses systematische Aufbautraining entwickelt sowohl die körperliche Ausdauer als auch die Navigationsfähigkeit der Jungtauben.

Lösung 77: A - Taubenküken sind beim Schlüpfen ausgesprochene Nesthocker. Sie kommen mit geschlossenen Augen, einem spärlichen gelblichen Dunenkleid und weitgehend unbeholfener Motorik zur Welt. In den ersten Tagen sind sie vollständig auf die Wärme der Elterntiere und die Fütterung mit Kropfmilch angewiesen. Die Augen öffnen sich erst nach einigen Tagen, und das Jugendgefieder entwickelt sich über mehrere Wochen. Die Jungtiere bleiben etwa 4 bis 6 Wochen im Nest, bis sie flügge werden, was im Vergleich zu vielen anderen Vogelarten gleicher Größe eine relativ lange Nestlingszeit darstellt.

Lösung 78: B - Im natürlichen Verbreitungsgebiet der Felsentaube, das von Westeuropa über Nordafrika bis nach Zentral- und Südasien reicht, werden zahlreiche Unterarten unterschieden. Die Nominatform Columba livia livia besiedelt West- und Südeuropa sowie Nordafrika. Weitere Unterarten umfassen unter anderem C. l. gaddi aus dem Iran und Kleinasien, C. l. neglecta aus Zentralasien sowie C. l. intermedia vom indischen Subkontinent. Die Unterarten unterscheiden sich in Gefiederfärbung, Größe und der Ausprägung der Flügelbinden, wobei die Grenzen durch verwilderte Haustauben zunehmend verwischt werden.

Lösung 79: C - In den berühmten Gerbereien von Fès und anderen marokkanischen Städten wird Taubenkot beim traditionellen Ledergerben eingesetzt. Der hohe Ammoniakgehalt im Taubenkot wirkt als Beizstoff, der die Kollagenfasern der Tierhäute aufquellen lässt und so das Leder weich und geschmeidig macht. Diese jahrhundertealte Methode verleiht dem marokkanischen Leder seine besondere Qualität und Weichheit, die es international als hochwertiges Handwerksprodukt bekannt gemacht hat. Der intensive Geruch des Prozesses ist ein wohlbekanntes Merkmal beim Besuch dieser historischen Stätten.

Lösung 80: D - Felsentauben etablieren innerhalb ihrer Gruppen lineare Dominanzhierarchien, in denen vor allem Täuber durch Drohgebärden wie gesträubtes Halsgefieder, Flügelschlagen und gezielte Schnabelhiebe Rangpositionen erringen. Dominante Individuen beanspruchen bevorzugte Futter- und Brutplätze, während rangniedrigere Tiere ausweichen. Die Rangordnung wird durch wiederholte agonistische Interaktionen gefestigt und kann durch Faktoren wie Körpergröße, Geschlecht und individuelle Erfahrung beeinflusst werden. Bei Stadttauben sind solche Rangauseinandersetzungen besonders an Futterstellen gut zu beobachten.

Lösung 81: B – Im Experiment von Herbranson und Schroeder (2010) am Whitman College lernten Tauben in einer Versuchsanordnung mit 3 Lichtschlüsseln, nach dem Wegfall einer falschen Option nahezu immer zur verbliebenen Alternative zu wechseln, was mathematisch die optimale Strategie darstellt. Menschliche Versuchsteilnehmer erreichten selbst nach 200 Durchgängen lediglich eine Wechselquote von etwa 67 Prozent und zeigten damit sogenanntes Wahrscheinlichkeitsabgleichen, eine suboptimale Strategie. Die Tauben hingegen wechselten nach 30 Sitzungen in rund 95 Prozent der Fälle. Als Erklärung wird angeführt, dass Tauben pragmatisch die Strategie mit der höchsten Erfolgsrate verfolgen, während Menschen durch kognitive Verzerrungen wie den Besitztumseffekt und die Illusion der Gleichverteilung bei ihrer Erstwahl verharren.

Lösung 82: A – Die Dickin Medal, oft als "Victoria Cross der Tiere" bezeichnet, wurde 1943 von der Gruenderin der People's Dispensary for Sick Animals, Maria Dickin, ins Leben gerufen. Waehrend des Zweiten Weltkriegs und in den Jahren unmittelbar danach wurden 32 Brieftauben mit der Medaille ausgezeichnet, mehr als jede andere Tierart in diesem Zeitraum. Unter den Preistraegern befanden sich unter anderem die Taube Gustav, die als erstes Tier eine Nachricht von der Landung in der Normandie am 6. Juni 1944 nach England brachte, sowie Mary of Exeter, die trotz schwerer Verwundungen durch feindlichen Beschuss und einen Habichtangriff mehrere Missionen aus dem besetzten Frankreich erfolgreich abschloss. In den Jahrzehnten nach dem Krieg wurden zunehmend Hunde fuer Einsaetze in Konflikten und bei der Sprengstoffdetektion ausgezeichnet, sodass Hunde die Tauben in der Gesamtzahl der Verleihungen inzwischen ueberholt haben.

Lösung 83: C – Im Rahmen der Sequenzierung des Felsentaubengenoms identifizierten Shapiro und Kollegen 2013 an der University of Utah das Gen EphB2 als verantwortlich für die Federhaube. Eine Punktmutation (Arg758Cys) in der katalytischen Domäne des Ephrin-Rezeptors B2 kehrt die Wachstumsrichtung der Federanlagen im Nacken und Hinterkopf um, sodass die Federn aufwärts statt abwärts wachsen. Das Merkmal wird rezessiv vererbt, und alle untersuchten behaubten Rassen, von einfachen Spitzhauben bis zu den extremen

Kapuzen des Jakobiners, tragen denselben Haplotyp, was belegt, dass die Mutation nur einmal entstand und durch gezielte Kreuzung in verschiedene Rassen eingeführt wurde.

Lösung 84: D – Pseudolynchia canariensis ist eine dorsoventral abgeflachte, flugfähige Lausfliege (Familie Hippoboscidae), die als obligater Blutsauger auf Tauben spezialisiert ist und weltweit in wärmeren Klimazonen vorkommt. Neben dem direkten Schaden durch Blutentnahme und Hautirritationen fungiert sie als Hauptüberträger des Blutparasiten Haemoproteus columbae, eines intrazellulären Protozoons, das die Erythrozyten der Taube befällt und eine als Taubenmalaria bezeichnete Erkrankung hervorruft. Starker Befall kann insbesondere bei Jungtauben und geschwächten Tieren zu Anämie und Leistungseinbußen führen. In der Brieftaubenhaltung wird die Bekämpfung der Lausfliege daher als wichtiger Bestandteil der Parasitenprävention betrachtet.

Lösung 85: A – Im Januar 1949 fertigte Picasso eine Lithografie an, deren Motiv eine weiße Mailänder Taube war, die ihm sein Freund Henri Matisse geschenkt hatte. Als der kommunistische Dichter Louis Aragon das Blatt in Picassos Pariser Atelier sah, wählte er es als Plakatmotiv für den Ersten Internationalen Friedenskongress in Paris aus. Die Taube auf dem Bild war zoologisch betrachtet eine Haustaube und keine Wildtaube. Das Motiv wurde in der Folge weltweit zum Sinnbild der Friedensbewegung. Für Picasso hatte das Taubenmotiv auch eine persönliche Dimension, da sein Vater in der gemeinsamen Wohnung in Málaga Tauben gezüchtet und gemalt hatte. Picasso benannte seine am Vorabend der Kongresseröffnung geborene Tochter Paloma, das spanische Wort für Taube.

Lösung 86: B – Am 29. Juni 1997 wurden über 60.000 Brieftauben im französischen Nantes aufgelassen, um anlässlich des 100-jährigen Jubiläums der Royal Pigeon Racing Association nach Südengland zurückzukehren. Die meisten Tiere verschwanden über dem Ärmelkanal und kehrten nie heim. Der US-Geophysiker Jonathan Hagstrum vom Geological Survey stellte fest, dass die Concorde zur selben Zeit auf ihrem Morgenflug von Paris nach New York über den Kanal flog und ihr Überschallknall eine Infraschallstörung erzeugt haben könnte, die das Navigationssystem der Tauben überlagerte. In einer 2013 im Journal of Experimental Biology veröffentlichten Studie konnte Hagstrum anhand langjähriger Daten aus New York weitere Korrelationen zwischen atmosphärischen Infraschallbedingungen und Orientierungsverlusten bei Tauben nachweisen.

Lösung 87: D – Anders als die meisten Vogelarten besitzen Tauben und Turteltauben keine funktionsfähige Bürzeldrüse (Glandula uropygialis) oder nur ein verkümmertes Rudiment davon. Die Bürzeldrüse produziert bei anderen Vögeln ein öliges Sekret, das zur Gefiederpflege und als Schutz vor Feuchtigkeit dient. Bei Tauben übernehmen stattdessen die in Frage 36 bereits erwähnten Puderdunen diese Aufgabe: Spezielle Daunenfedern zerfallen an ihren Spitzen kontinuierlich zu einem feinen, wachsartigen Puder, den die Taube beim Putzen über das gesamte Gefieder verteilt. Dieses Puder pflegt die Federstruktur und verleiht dem Gefieder einen gewissen Schutz vor Feuchtigkeit, übernimmt also funktionell die Rolle des bei anderen Vögeln üblichen Bürzeläls.

Lösung 88: C – Trichomonas gallinae ist als Parasit primär an Tauben adaptiert, die ihn über die Kropfmilch an ihre Jungtiere weitergeben. In der Greifvogelheilkunde wird die Erkrankung als "Frounce" bezeichnet: Habichte und Falken infizieren sich, wenn sie befallene Tauben erbeuten und fressen. Bei Singvögeln trat der Parasit ab 2005 erstmals epidemisch in Erscheinung, als in Großbritannien Grünfinken und Buchfinken massenhaft an Trichomonose erkrankten. Der Erreger gelangte vermutlich über kontaminierte Futterstellen und Vogeltränken von Tauben auf Finken. Die Epidemie breitete sich über ganz Europa aus und gilt als wesentliche Ursache für den drastischen Bestandsrückgang des Grünfinken in Großbritannien. Da Trichomonas gallinae keine Zystenform bildet und empfindlich auf

Austrocknung reagiert, erfolgt die Übertragung stets über direkten Kontakt oder frisch kontaminiertes Futter und Wasser.

Lösung 89: D – Das Almond-Muster wird durch den klassischen Stipper-Lokus (St) auf dem Z-Chromosom kontrolliert. Genetisch liegt ihm eine Kopienzahlvariation (Copy Number Variant) zugrunde, die unter anderem das Melanosomen-Reifungsgen Mlana vervielfacht und dessen Genexpression in den Federfollikeln stört. In der Folge wird die Pigmentierung der einzelnen Federn ungleichmäßig, was das typische gesprenkelte Erscheinungsbild erzeugt. Da der Lokus auf dem Z-Chromosom liegt, zeigen hemizygote Täubinnen (mit einem Z-Chromosom) und heterozygote Täuber (mit einem St- und einem Wildtyp-Z) ein attraktives, für Züchter begehrtes Farbbild. Reinerbige Täuber (mit 2 St-Allelen) hingegen leiden unter nahezu vollständigem Pigmentverlust und schweren angeborenen Augenfehlbildungen, was die dosisabhängige Wirkung der Kopienzahlvariation belegt.

Lösung 90: D – Tauben scheiden, wie alle Vögel, Stickstoffabfallprodukte nicht als Harnstoff, sondern als Harnsäure aus, die als weißlicher, pastenartiger Bestandteil des Kots abgegeben wird. Bei Kontakt mit Feuchtigkeit bildet Harnsäure ein leicht saures Milieu, das kalkhaltige Baumaterialien wie Sandstein, Marmor und Kalkmörtel über Jahre hinweg chemisch angreift und die Oberfläche aufweicht. Auch Metalloberflächen, insbesondere Kupfer und Zink an Dachrinnen und Abdeckungen, unterliegen dieser Korrosion. Da Stadttauben bevorzugt an Gesimsen, Dachvorsprüngen und Fensterbänken historischer Gebäude rasten und nisten, können sich dort erhebliche Kotmengen ansammeln. Die Restaurierung geschädigter Bausubstanz ist aufwendig und kostspielig, weshalb viele Denkmalschutzbehörden bauliche Maßnahmen zur Taubenabwehr empfehlen.

Lösung 91: C – Das Mamlukenreich (1250 bis 1517) in Ägypten und Syrien unterhielt eines der am besten dokumentierten Brieftaubennetze der vormodernen Welt. Entlang der Route zwischen Kairo und Damaskus, aber auch bis an die Grenzen des Reiches, waren

Taubenstationen eingerichtet, an denen Tauben stationiert und für den Weitertransport von Nachrichten bereitgehalten wurden. Die Sultane nutzten dieses System als militärisches Frühwarnnetz, das Berichte über Truppenbewegungen der Kreuzfahrer oder Vorstöße der Mongolen innerhalb weniger Stunden über Hunderte Kilometer übermitteln konnte. Der Mamlukische Barid, das staatliche Nachrichtenwesen, umfasste neben Reitern und optischen Signalstationen ausdrücklich auch die Taubenpost als eigenständige Komponente, was in arabischen Verwaltungshandbüchern der Zeit detailliert beschrieben ist.

Lösung 92: D – Beim One-Loft-Racing schicken Züchter aus verschiedenen Ländern junge Tauben an einen zentralen Rennschlag, den sogenannten "One-Loft". Dort werden alle Tiere unter identischen Bedingungen aufgezogen, gefüttert, tierärztlich betreut und trainiert. In den Wettflügen starten alle Tauben vom selben Auflassort und kehren zum gemeinsamen Schlag zurück, was die Vergleichbarkeit der Leistungen erhöht, da Unterschiede in Haltung, Fütterung und Schlagnähe entfallen. Das Format hat sich seit den 1990er Jahren international verbreitet und wird mit teils hohen Preisgeldern dotiert. Es gilt als besonders aussagekräftiger Test der genetischen Qualität, weil Umweltfaktoren für alle Teilnehmer standardisiert sind und die Ergebnisse stärker die züchterische Leistung widerspiegeln.

Lösung 93: A – Bei der Witwermethode wird ein verpaarter Täuber kurz vor dem Wettflug von seiner Täubin getrennt. Der Täuber sieht seine Partnerin erst wieder, wenn er vom Wettflug in den Schlag zurückkehrt, wo sie ihn bereits erwartet. Das starke Verlangen, zur Partnerin zurückzukehren, steigert nach Erfahrung vieler Züchter die Heimkehrmotivation und damit die Fluggeschwindigkeit. Die Methode erfordert eine enge Paarbindung und ein sorgfältiges Timing, denn der Täuber muss vor dem Einkorben seine Partnerin kurz sehen können, um den Anreiz aufzubauen. Es gibt zahlreiche Varianten dieser Praxis, etwa die totale Witwermethode, bei der die Geschlechter dauerhaft getrennt und nur vor dem Einkorben kurz zusammengeführt werden.

Lösung 94: B – Forschungen insbesondere von Onur Güntürkün und Kollegen an der Ruhr-Universität Bochum zeigten, dass das Taubengehirn eine funktionelle Asymmetrie aufweist. Die linke Hemisphäre ist stärker auf die Analyse feiner visueller Details und die Zuordnung von Objekten zu erlernten Kategorien spezialisiert, während die rechte Hemisphäre eher räumliche Zusammenhänge und neue, unbekannte Reize verarbeitet. Diese Lateralisation wird maßgeblich durch die Lichtexposition im Ei geprägt: Der Taubenembryo liegt so gedreht, dass sein rechtes Auge dem durch die Eischale dringenden Licht zugewandt ist, während das linke Auge vom Körper abgeschirmt wird. Die asymmetrische Stimulation führt zu Unterschieden in der Reifung der Sehbahnen und damit zu einer messbaren Hemisphärendominanz, die bei vollständig im Dunkeln bebrüteten Eiern deutlich schwächer ausfällt.

Lösung 95: D – Wenn starke solare Eruptionen (Sonnenstürme) geladene Partikel zur Erde schleudern, erzeugen diese geomagnetische Stürme, die das Erdmagnetfeld für Stunden oder Tage verzerren. Da Brieftauben das Magnetfeld als Kompassinformation für die Richtungsfindung nutzen, können solche Störungen zu fehlerhaften Abflugrichtungen nach dem Auflassen und erhöhten Verlustquoten bei Wettflügen führen. Die Stanford Solar Center dokumentierte, dass erfahrene Züchter in nördlichen Breiten geomagnetische Vorhersagen berücksichtigen, bevor sie ihre Tiere auflassen. Die Tauben verfügen allerdings über mehrere redundante Navigationsmechanismen, darunter den Sonnenkompass und die Geruchskarte, sodass nicht jeder geomagnetische Sturm zwangsläufig zu Verlusten führt, sondern eher dann, wenn mehrere Orientierungshilfen gleichzeitig beeinträchtigt sind.

Lösung 96: C – In der Frühzeit des organisierten Taubensports trugen die Tauben am Fuß einen nummerierten Gummiring, den der

Züchter bei der Ankunft abstreifte und in eine plombierte mechanische Konstatieruhr einlegte. Das Uhrwerk prägte den exakten Ankunftszeitpunkt auf einem Papierstreifen ein, der nach dem Rennen von der Rennleitung kontrolliert wurde. Seit den 1990er Jahren hat die elektronische Zeitmessung diese Methode weitgehend abgelöst: Jede Taube trägt einen passiven Transponder-Chip (Radiofrequenzidentifikation) am Fußring. Beim Überqueren einer Antennenmatte am Schlageingang wird die Ankunft automatisch sekundengenau registriert und digital gespeichert. Dieses System eliminiert menschliche Fehler bei der Zeitmessung und ermöglicht die zeitnahe, fälschungssichere Übermittlung der Ergebnisse an den Rennverband.

Lösung 97: A – Sämtliche Farbvarianten der Haustaube lassen sich genetisch auf 3 Grundfarben zurückführen, die als Allele am selben Genort auf dem Z-Chromosom codiert sind. Aschrot (Ash-red) ist dabei dominant über den Wildtyp Blauschwarz (Blue/Black), der wiederum dominant über Braun (Brown) vererbt wird. Da der Lokus geschlechtsgebunden ist, können Täuber als homogametes Geschlecht mit 2 Z-Chromosomen 2 verschiedene Allele tragen, während hemizygote Täubinnen mit nur einem Z-Chromosom stets nur ein Farbgenallel besitzen. Alle weiteren Farbabwandlungen, etwa Verdünnungen, Zeichnungsmuster oder Aufhellungsfaktoren, wirken modifizierend auf diese 3 Grundfarben ein, ohne sie zu ersetzen.

Lösung 98: B – Der Marktwert einer jungen, untrainierten Brieftaube aus einer soliden Zuchtlinie liegt in Europa ueblicherweise zwischen etwa 50 und 250 Euro. Entscheidend fuer den Preis sind vor allem der Stammbaum, also die dokumentierten Wettflugergebnisse der Eltern und Grosseltern, sowie der Ruf des Zuechters in der Szene. Jungtauben aus Spitzenzuchten mit mehrfach praemierten Elterntieren koennen deutlich hoehere Preise erzielen und bei Auktionen mehrere Tausend Euro erreichen. Am obersten Ende des Marktes stehen Ausnahmetiere wie der Taeuber "Armando", der 2019 fuer rund 1,4 Millionen US-Dollar versteigert wurde, oder die Taeubin "New Kim", die 2020 etwa 1,9 Millionen US-Dollar erzielte. Solche Summen bleiben jedoch seltene Ausnahmen, die durch die enorme Nachfrage aus China angetrieben werden. Eine staatliche Preisregulierung oder eine zuverlaessige genetische Leistungsvorhersage vor dem ersten Flug gibt es nicht.

Lösung 99: C – Im belgischen Brieftaubensport, der als Wiege des modernen Taubenrennsports gilt, werden die Wettflüge in Kategorien nach Entfernung eingeteilt. Vitesse (auch Geschwindigkeit oder Sprint) umfasst Kurzstreckenflüge bis etwa 300 Kilometer, bei denen die reine Fluggeschwindigkeit den Ausschlag gibt. Fond (auch Grand Fond oder Langstrecke) bezeichnet Rennen über 500 Kilometer und mehr, die den Tauben eine Kombination aus Ausdauer, Navigationsfähigkeit und physiologischer Belastbarkeit über viele Stunden abverlangen. Dazwischen liegt die Mittelstrecke (Demi-Fond). Die unterschiedlichen Anforderungen haben zur Herausbildung spezialisierter Zuchtlinien geführt: Vitesse-Tauben sind oft muskulöser und auf schnellen Flügelschlag gezüchtet, während Fond-Tauben einen schlankeren Körperbau und eine ausgeprägtere Fähigkeit zur aeroben Fettverbrennung besitzen.

Lösung 100: D – Die 2013 in Science veröffentlichte Studie von Michael Shapiro und einem internationalen Team legte das erste Referenzgenom der Felsentaube (Columba livia) vor und ergänzte es um zusätzliche Genomsequenzen verschiedener Zucht- und Verwilderungspopulationen. Die populationsgenetischen Analysen ergaben, dass die Hauptrassegruppen der Haustaube ihren Ursprung im Nahen Osten haben und damit archäologische Befunde zur Domestikation im Fruchtbaren Halbmond bestätigt wurden. Zudem wiesen die Daten nach, dass nordamerikanische Stadttaubenpopulationen einen erheblichen genetischen Beitrag von entwichenen Reisetauben (Racing Homers) tragen. Das Referenzgenom umfasste rund 1,1 Milliarden Basenpaare und enthielt über 17.000 proteincodierende Gene. Die Studie lieferte auch die genetische Grundlage für die Federhaube

(EphB2) und ebnete den Weg für zahlreiche Folgestudien zur Genetik von Körperbau, Farbe und Verhalten bei Tauben.

Dieses Buch wurde in Übereinstimmung mit den GPSR-Richtlinien der EU zur Sicherheit von Produkten erstellt.

Die Verordnung über die allgemeine Produktsicherheit ist der aktualisierte Rahmen der Europäischen Union, um sicherzustellen, dass alle Verbraucherprodukte, einschließlich Bücher, für Verbraucher sicher sind.

Dieses Buch wurde von Libri Plureos GmbH gedruckt. Der Drucker hat Sicherheitszertifikate für die verwendeten Materialien wie Tinte, Papier und Kleber ausgestellt.

Die Produktkennung ist: 9783693190661

Der Autor ist für den Inhalt des Buches verantwortlich und hat das Buch von Bookmundo produzieren lassen.

Sollten Sie Fragen zur Sicherheit des Produkts haben, kontaktieren Sie uns bitte.

Bookmundo
Delftsestraat 33
3013AE Rotterdam
Die Niederlande
info@bookmundo.com